새로운 도서,
다양한 자료
동양북스
홈페이지에서
만나보세요!

www.dongyangbooks.com
m.dongyangbooks.com

KB086713

홈페이지 도서 자료실에서 학습자료 및 MP3 무료 다운로드

PC

❶ 홈페이지 접속 후 도서 자료실 클릭
❷ 하단 검색 창에 검색어 입력
❸ MP3, 정답과 해설, 부가자료 등 첨부파일 다운로드
  * 원하는 자료가 없는 경우 '요청하기' 클릭!

MOBILE

* 반드시 '인터넷, Safari, Chrome' App을 이용하여 홈페이지에 접속해주세요. (네이버,
  다음 App 이용 시 첨부파일의 확장자명이 변경되어 저장되는 오류가 발생할 수 있습니다.)

❶ 홈페이지 접속 후 ☰ 터치

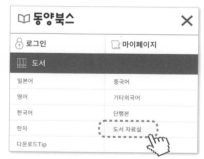

❷ 도서 자료실 터치

❸ 하단 검색창에 검색어 입력
❹ MP3, 정답과 해설, 부가자료 등 첨부파일 다운로드
  * 압축 해제 방법은 '다운로드 Tip' 참고

미래와 통하는 책

가장 쉬운 독학
일본어 첫걸음
14,000원

버전업! 굿모닝
독학 일본어 첫걸음
14,500원

일단 합격하고 오겠습니다
JLPT 일본어능력시험 N3
26,000원

일본어 100문장 암기하고
왕초보 탈출하기
13,500원

가장 쉬운 독학
중국어 첫걸음
14,000원

가장 쉬운 중국어
첫걸음의 모든 것
14,500원

일단 합격 新HSK
한 권이면 끝! 4급
24,000원

중국어
지금 시작해
14,500원

영어를 해석하지 않고
읽는 법
15,500원

미국식
영작문 수업
14,500원

세상에서 제일 쉬운
10문장 영어회화
13,500원

영어회화
순간패턴 200
14,500원

가장 쉬운 독학
베트남어 첫걸음
15,000원

가장 쉬운 독학
프랑스어 첫걸음
16,500원

가장 쉬운 독학
스페인어 첫걸음
15,000원

가장 쉬운 독학
독일어 첫걸음
17,000원

동양북스 베스트 도서

THE
GOAL 1
22,000원

인스타
브레인
15,000원

직장인, 100만 원으로
주식투자 하기
17,500원

당신의 어린 시절이
울고 있다
13,800원

놀면서 스마트해지는 두뇌 자극
플레이북 딴짓거리 EASY
12,500원

죽기 전까지
병원 갈 일 없는 스트레칭
13,500원

가장 쉬운 독학
이세돌 바둑 첫걸음
16,500원

누가 봐도 괜찮은 손글씨 쓰는
법을 하나씩 하나씩 알기 쉽게
13,500원

가장 쉬운 초등 필수 파닉스
하루 한 장의 기적
14,000원

가장 쉬운 알파벳 쓰기
하루 한 장의 기적
12,000원

가장 쉬운 영어 발음기호
하루 한 장의 기적
12,500원

가장 쉬운 초등한자 따라쓰기
하루 한 장의 기적
9,500원

세상에서 제일 쉬운
엄마표 생활영어
12,500원

세상에서 제일 쉬운
엄마표 영어놀이
13,500원

창의쑥쑥 환이맘의
엄마표 놀이육아
14,500원

중국어뱅크

北京大學

신 **한어구어**

上

戴桂芙·刘立新·李海燕 편저

동양북스

중국어뱅크

신 한어구어 上

초판 4쇄 | 2022년 3월 20일

지 은 이 | 戴桂芙, 刘立新, 李海燕
발 행 인 | 김태웅
편   집 | 신효정, 양수아
디 자 인 | 남은혜, 신효선
마 케 팅 | 나재승
제   작 | 현대순

발 행 처 | (주)동양북스
등   록 | 제 2014-000055호
주   소 | 서울시 마포구 동교로22길 14 (04030)
구입문의 | 전화 (02)337-1737   팩스 (02)334-6624
내용문의 | 전화 (02)337-1762   dybooks2@gmail.com

ISBN 979-11-5768-434-2   14720
ISBN 979-11-5768-433-5   (세트)

이 도서의 국립중앙도서관 출판예정도서목록(CIP)은 서지정보유통지원시스템 홈페이지(http://seoji.nl.go.kr)와
국가자료공동목록시스템(http://www.nl.go.kr/kolisnet)에서 이용하실 수 있습니다.
(CIP제어번호:CIP2018029840)

책 머리에

　최근 몇 년간 중국의 대외한어 교재는 출판 주기의 변화 속도와 출판물의 다양성 등에서 괄목할 만한 발전을 이루었다. 그에 따라 수량으로 독자의 수요를 맞추던 기존의 출판 시장에서 탈피하여, 콘텐츠의 내용과 수준으로 독자의 요구를 충족시키는 시대로 접어들었다. 수많은 교재가 출간된 이후 빛을 보지 못하고 사라져 가는 추세 속에서도 북경대학 대외한어교학중심의 일선 교사들이 집필하고, 북경대학 출판사에서 출간한 〈한어구어(汉语口语)〉 시리즈는 1996년 8월 초판이 출간된 이후, 시대와 시장의 검증을 거치며 중국어 회화 교재의 선두를 지켜왔다.

　〈한어구어〉 시리즈는 총 6권으로 세상에 첫 선을 보인 이후 원 집필진의 참여하에 교학과 학습의 편의를 함께 고려하고, 학습자 위주의 실용성을 더욱 강화한 제3판 〈한어구어〉가 출간되었다.
　〈한어구어〉 제3판은 다음에 중점을 두어 편찬되었다.
　1. 본문 회화 및 예문의 내용을 시대에 맞게 수정하였다.
　2. 핵심적인 본문 해설을 통해 회화 중심의 교학이 가능하도록 하였다.
　3. 다양한 어휘를 통한 교체연습을 통해 실용성을 높였다.

　〈한어구어〉를 접한 학습자들은 시대에 부합하는 콘텐츠, 객관적 시각, 자연스러운 언어 표현, 합리적인 단계 구성 등으로 대변되는 실용성과 교학적 우수성이 뛰어난 교재로 평가하고 있다. 〈한어구어〉 시리즈는 이처럼 실력과 창작 의욕을 겸비한 탄탄한 집필진들에 의해 충분한 준비 과정을 거쳐 체계적으로 만들어졌으며 현재 중국의 대표적인 회화 교재로 자리매김하여 많은 국가기관의 주 교재로 채택되고 있다.

　시대가 발전하면서 교학 이념 역시 부단히 업그레이드되고 있다. 이 교재는 앞으로도 시대에 맞게 적절히 수정해 나갈 것이며, 더 많은 사람들이 이 교재를 통해 많은 도움을 얻고 짧은 시간 내에 큰 성과를 거둘 수 있기를 바란다.

북경대학교 대외한어교학중심 부원장

刘 元 满

차 례

학습 내용

이 책의 각 과별 학습 내용을 정리해 보았습니다. 우선 중국어의 가장 기본이 되는 발음과 성조를 익힌 후, 4과부터 진도에 맞추어 학습합니다. 발음편은 물론이고, 본문 학습에도 mp3 파일을 충분히 활용하여 중국인의 정확하고 자연스러운 발음을 익히는 것이 좋습니다.

제목	주제	학습 목표	학습 내용
UNIT 01 汉语拼音(1) 중국어의 발음(1)	중국어의 개요	중국어에 대해 이해할 수 있다.	· 중국어의 개요 　(표준어/표기법/음절 구조) · 성모, 단운모, 성조
UNIT 02 汉语拼音(2) 중국어의 발음(2)	중국어 발음 심화	성모와 복합운모의 결합을 이해할 수 있다.	· 복운모, 비운모, 권설음 · 성모와 복합운모의 결합
UNIT 03 汉语拼音(3) 중국어의 발음(3)	발음 완성	경성과 성조 변화를 이해할 수 있다. 한어병음 쓰기 규칙을 이해할 수 있다.	· 경성 · 성조의 변화 · 한어병음 철자 쓰기 규칙
UNIT 04 你叫什么名字? 너는 이름이 뭐니?	이름	대상에 따라 인사할 수 있다. 이름을 묻고 답할 수 있다. 자기소개를 할 수 있다.	· 你好！ · 你叫什么名字? · 我姓田。你呢? · 我是中国人。
UNIT 05 你是哪国人? 너는 어느 나라 사람이니?	국적	시간에 따른 인사를 할 수 있다. 국적을 묻고 답할 수 있다. 나이를 묻고 답할 수 있다.	· 早上好！ · 他是谁? · 你多大? · 你在几班? · 一，二，三
UNIT 06 现在几点? 지금 몇 시니?	시간 요일	시간과 요일을 묻고 답할 수 있다. 일과를 소개할 수 있다.	· (现在)七点半。 · (今天)星期二。 · 从八点到九点五十分上口语课。 · 差两分九点。 · 你该上课了。

구성과 활용

본 책

학습 목표
그림을 통해 해당 과에서 배울
내용을 제시하였습니다.
그림과 인물들이 나누는 대화를
통해 어떤 내용이 있을지 유추해
봅시다.

주요 표현
본격적인 학습에 들어가기 전에
해당 과에서 꼭 알아두어야 할 주
요 문장을 제시하였습니다. 녹음
을 듣고 어조에 유의하여 속도를
점점 빠르게 읽어봅시다.

본문 대화
현지 중국인들의 생생한 일상을
대화문으로 구성하였습니다.
MP3를 듣고 따라 읽으며 자연
스러운 중국어를 익힐 수 있습
니다.

새 단어
본문에 나오는 새 단어를 정리했
습니다. 본문을 보며 단어를 바로
바로 확인하여 내용 이해를 도울
수 있습니다.

본문 해설
본문 대화 속 중요한 표현을 알기
쉽게 설명했습니다. 실용적인 예
문을 통해 중국어의 어법과 관용
구의 쓰임을 이해하고 익힐 수 있
습니다.

TIP
더 알아두면 좋은 내용을 정리하
여 추가적인 학습을 할 수 있습
니다.

교체 연습

본문에 나오는 주요 문장을 다양한 어휘로 바꾸어 제시하였습니다. 반복적으로 연습함으로써 자연스럽게 문형을 익힐 수 있습니다.

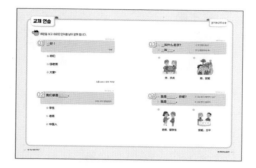

플러스 문화 & 어휘

풍부한 사진과 설명을 통해 다양한 중국 문화를 이해할 수 있고, 플러스 어휘를 통해 추가적으로 어휘를 학습할 수 있습니다.

스스로 확인

본문에 나온 중요한 단어를 모아 제시하였습니다. 단어를 보고 뜻을 생각해 보며 스스로 실력을 점검할 수 있습니다.

유익한 한마디

속담이나 명언을 통해 한 과를 마무리합니다.

연습 문제

본 책에서 배운 내용을 新HSK 3급 듣기·독해·쓰기 형식의 문제로 제시하였습니다. 문제를 통해 학습한 내용을 복습하고 新HSK 유형에도 익숙해질 수 있습니다.

쓰기 연습

주요 단어와 주요 표현을 써볼 수 있게 하였습니다. 내용을 복습함과 동시에 중국어 간체자를 연습할 수 있습니다.

등장인물

제프

杰夫 Jiéfū

2반 훈남, 금발의 곱슬머리를 가진 유쾌한 성격의 20세 영국인 학생

애니

安妮 Ānnī

똑똑하고 활달한 성격의 미국인 여대생, 제프와 같은 반

피터

彼得 Bǐdé

1반 얼짱, 부드러운 외모와 달리 남자다운 성격의 25세 프랑스인 학생

리사

丽莎 Lìshā

애니의 룸메이트 독일인 학생, 여성스럽고 가녀린 문학소녀

박지영

朴志永 Piáo Zhìyǒng

3반 분위기 메이커, 붙임성 있고 인상 좋은 한국인 남학생

리원징

李文静 Lǐ Wénjìng

언제나 단발머리를 고수하는 발랄한 중국인 학생

야마다

山田 Shāntián

2반의 바른 생활 사나이, 등산을 좋아하는 일본인 학생

왕핑

王平 Wáng Píng

활동적이고 운동을 좋아하는 중국인 학생

류웨이

刘伟 Liú Wěi

조금 게으르지만 따뜻한 마음씨를 가진 중국인 학생

장신

张新 Zhāng Xīn

가지런한 묶음 머리를 팔랑거리는 중국인 학생

텐 선생님

田老师 Tián lǎoshī

부드러운 카리스마의 소유자, 2반 담임인 중국인 선생님

이 책의 주인공들을 소개합니다. 국적과 스타일은 다르지만 모두 외국인을 위한 중국어 수업 〈신한어구어〉 과정을 듣는 대학생입니다.

중국어뱅크
北京大学
신한어구어 上

UNIT 01 중국어의 발음(1)

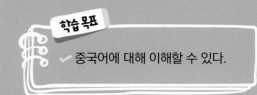

학습목표

✓ 중국어에 대해 이해할 수 있다.

 중국어의 개요

1. 표준어

중국(대륙)의 표준어는 '보통화(普通话)'라고 하는데 보통화는 베이징 지역의 발음을 표준음으로 하고, 북방어의 어휘를 기초로 하여 정해졌습니다. 그렇다면 이 책의 제목에 나오는 '한어(汉语)'는 무슨 뜻일까요? 중국인들이 중국어를 일컫는 말로, 중국인 인구의 90% 이상을 차지하고 있는 민족인 '한족(汉族)의 언어'라는 뜻입니다.

중국은 영토가 넓은 만큼 방언의 종류도 다양하고 지역별로 발음과 어휘상 차이가 많아 같은 중국인들조차도 서로 의사소통이 어려운 경우가 종종 있습니다. 그래서 중국 정부는 표준중국어인 '보통화'를 보급하는데 노력을 기울이고 있습니다.

중국에는 56개의 민족이 있는데 그중 한족이 90%를 차지하지.

2. 표기법

우리나라에서 쓰는 한자와 중국에서 쓰는 한자는 생김새가 약간 다릅니다. 중국에서 쓰는 한자는 복잡한 한자를 빠르고 편하게 사용하기 위하여 한자 전체를 간략하게 만든 '간체자(简体字)'로, 우리가 어렸을 때 배웠던 한자에 비해 훨씬 쓰기 간편하고 배우기 쉽습니다.

중국어는 한자 자체로 의미를 전달하는 '표의문자', 즉 뜻을 나타내는 문자이기 때문에 글자 자체만으로는 소리를 표현할 수가 없습니다. 따라서 중국어의 발음을 영어 알파벳을 빌어 표기하는데, 이것을 '한어병음(汉语拼音)'이라고 합니다.

한국식 한자	간체자	한어병음
中國	中国	Zhōngguó

간체자에 상대하여, 원래의 획순을 그대로 가지고 있는 한자를 '번체자(繁体字)' 라고 부릅니다.

3. 음절 구조

중국어는 대부분 한 개 한자에 한 개 음절이 존재합니다.
중국어의 음절은 성모, 운모, 성조로 이루어져 있습니다.

🎧MP3 01-01

성모는 우리말의 자음과 같은 개념으로 ㄱ, ㄴ, ㄷ처럼 음절이 시작되는 부분입니다. 중국어에는 총 21개의 성모가 있습니다.

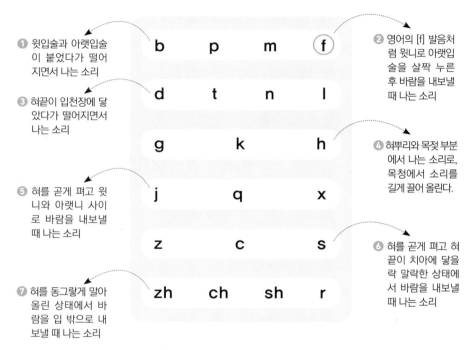

❶ 윗입술과 아랫입술이 붙었다가 떨어지면서 나는 소리

❷ 영어의 [f] 발음처럼 윗니로 아랫입술을 살짝 누른 후 바람을 내보낼 때 나는 소리

❸ 혀끝이 입천장에 닿았다가 떨어지면서 나는 소리

❹ 혀뿌리와 목젖 부분에서 나는 소리로, 목청에서 소리를 길게 끌어 올린다.

❺ 혀를 곧게 펴고 윗니와 아랫니 사이로 바람을 내보낼 때 나는 소리

❻ 혀를 곧게 펴고 혀끝이 치아에 닿을락 말락한 상태에서 바람을 내보낼 때 나는 소리

❼ 혀를 동그랗게 말아 올린 상태에서 바람을 입 밖으로 내보낼 때 나는 소리

b	p	m	f
d	t	n	l
g		k	h
j	q		x
z	c		s
zh	ch	sh	r

★ 성모 소리 내는 입 안 모양

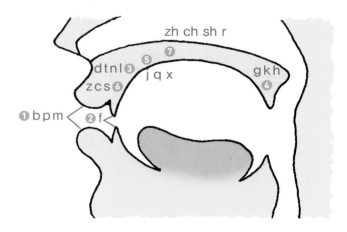

 단운모(单韵母) 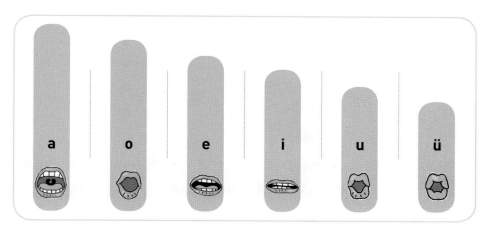MP3 01-02

운모란 우리말의 모음과 같은 부분입니다. 운모에는 단운모, 복운모, 비운모 세 가지가 있는데 그중 가장 기본이 되는 것이 6개의 단운모입니다. 단운모는 시작할 때와 끝날 때의 음가가 같은 모음을 말합니다.

❶ a : 입을 넓고 크게 벌려 내는 소리로 우리말의 [아]와 비슷한 소리입니다.

❷ o : 우리말의 [오]와 [어]의 중간음에 해당하나 [오]에 좀더 가까운 소리입니다.

❸ e : 우리말의 [어]와 비슷하나 [으] 발음이 약간 섞인 듯한 소리입니다.

❹ i : 우리말의 [이]처럼 발음하되 입을 좀더 옆으로 벌렸을 때 나는 소리입니다.

❺ u : 우리말의 [우] 발음보다 입을 좀더 오므리며 나는 소리입니다.

❻ ü : [이]와 [위]의 중간 발음으로 입술을 동그랗게 오므린 상태로 [이]를 발음하는 소리입니다.

zh, ch, sh, r, z, c, s 뒤에 운모 i가 오는 경우는 모두 [으]로 발음합니다.
예 zhi chi shi ri zi ci si

성조(声调) MP3 01-03

중국어는 같은 음절이라도 음의 높고 낮음에 따라 뜻이 달라지는데, 이 음의 높낮이와 그
변화를 성조라고 합니다. 중국어 성조는 1성, 2성, 3성, 4성이 있는데 운모의 주요 모음
위에 각각 네 가지 부호(━ ╱ ╲ ╲)로 표시합니다.

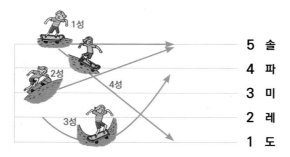

❶ 1성: 소리가 길고 높으며 평탄합니다. 음계의 '솔' 음에 해당한다고 생각하면 됩니다.

❷ 2성: 낮은 음에서 높은 음으로 빠르게 올라갑니다. 마치 놀라움을 표현할 때의 우리말
'그래?'의 '래'와 비슷합니다.

❸ 3성: 위에서 출발하여 아래로 떨어졌다가 다시 올라갑니다. 마치 탄력 있는 고무공을
꾸욱 눌렀다가 놓았을 때와 같은 느낌으로 발음합니다.

❹ 4성: 높은 곳에서 아래로 떨어지듯이 빠르고 강합니다. 탁구의 스매싱처럼 위에서 아
래로 단숨에 내려온다고 생각하면 쉽습니다.

❺ 경성: 음의 높낮이에 대한 특별한 변화 없이 그저 가볍고 편안하게 발음합니다.

(*경성은 3과에서 자세히 다룰 예정입니다.)

	━	╱	╲	╲
a	ā	á	ǎ	à
o	ō	ó	ǒ	ò
e	ē	é	ě	è
i	ī	í	ǐ	ì
u	ū	ú	ǔ	ù
ü	ǖ	ǘ	ǚ	ǜ

성모 \ 운모	a	o	e	i	u	ü
b	ba	bo		bi	bu	
p	pa	po		pi	pu	
m	ma	mo	me	mi	mu	
f	fa	fo			fu	
d	da		de	di	du	
t	ta		te	ti	tu	
n	na		ne	ni	nu	nü
l	la		le	li	lu	lü
g	ga		ge		gu	
k	ka		ke		ku	
h	ha		he		hu	
j				ji		ju
q				qi		qu
x				xi		xu
z	za		ze	zi	zu	
c	ca		ce	ci	cu	
s	sa		se	si	su	
zh	zha		zhe	zhi	zhu	
ch	cha		che	chi	chu	
sh	sha		she	shi	shu	
r			re	ri	ru	

연습 문제

01 성조에 유의하여 큰 소리로 따라 읽어 봅시다. 〈MP3〉 01-05

❶ mā má mǎ mà   ❷ fā fá fǎ fà

❸ lū lú lǔ lù   ❹ qī qí qǐ qì

02 성모에 유의하여 큰 소리로 따라 읽어 봅시다. 〈MP3〉 01-06

❶ b p

bā pā
bō pō
bí pí
bǔ pǔ

❷ d t

dǎ tǎ
dè tè
dī tī
dú tú

❸ g k

gǎ kǎ
gē kē
gè kè
gū kū

❹ m f

mā fā
mó fó
mǔ fǔ
mù fù

❺ n l

ná lá
nǐ lǐ
nù lù
nǔ lǔ

❻ l r

lè rè
lì rì
lù rù

❼ z zh

zá zhá
zè zhè
zǐ zhǐ
zū zhū

❽ c ch

cā chā
cè chè
cí chí
cū chū

❾ s sh

sǎ shǎ
sè shè
sī shī
sū shū

03 성모와 운모의 결합에 유의하여 큰 소리로 따라 읽어 봅시다. ◀MP3▶ 01-07

❶ wǒ (我)　　nǐ (你)　　tā (他)　　bù (不)　　shì (是)

❷ chá (茶)　shū (书)　shù (树)　hē (喝)　chī (吃)

❸ jī (鸡)　zhū (猪)　mǎ (马)　kū (哭)　nǚ (女)

04 음절 간 연결에 유의하여 큰 소리로 따라 읽어 봅시다. ◀MP3▶ 01-08

qìchē (汽车)　　hūxī (呼吸)　　zìjǐ (自己)　　rìjì (日记)

sījī (司机)　　dǎdī (打的)　　jǐge (几个)　　dúshū (读书)

lǜsè (绿色)　　nǔlì (努力)　　pífū (皮肤)　　jìzhě (记者)

플러스
어휘

01 숫자 읽기 MP3 01-09

1	2	3	4	5
yī 一	èr 二	sān 三	sì 四	wǔ 五

6	7	8	9	10
liù 六	qī 七	bā 八	jiǔ 九	shí 十

11	12	13	14	15	16	17	18	19
shíyī 十一	shí'èr 十二	shísān 十三	shísì 十四	shíwǔ 十五	shíliù 十六	shíqī 十七	shíbā 十八	shíjiǔ 十九

20	30	40	50	60	70	80	90	100
èrshí 二十	sānshí 三十	sìshí 四十	wǔshí 五十	liùshí 六十	qīshí 七十	bāshí 八十	jiǔshí 九十	yìbǎi 一百

02 간단한 인사말 MP3 01-10

Nǐ hǎo! 你好！ 안녕하세요!
Nǐ hǎo! 你好！ 안녕하세요!

Xièxie. 谢谢。 고맙습니다.
Bú kèqi. 不客气。 별말씀을요.

Duìbuqǐ. 对不起。 죄송합니다.
Méi guānxi. 没关系。 괜찮습니다.

Zàijiàn! 再见！ 안녕히 가세요!
Zàijiàn! 再见！ 안녕히 가세요!

UNIT 02

중국어의 발음(2)

 중국어 발음 심화 – 복운모(复韵母) MP3 02-01

우리말에서도 기본 모음을 결합하여 이중모음을 만들듯이 중국어도 운모를 결합해 여러
가지 발음을 만드는데, 이를 '복운모'라고 합니다.

ai	ei	ao	ou	
bǎi	fēi	māo	dōu	

ia	ie	ua	uo	üe
jiā	xiě	huā	zuò	xué

iao	iou	uai	uei	
niǎo	niú	shuài	shuǐ	

비운모(鼻韵母) MP3 02-02

비운모는 마지막 발성이 코에서 나는 것으로, 흔히 말하는 콧소리라고 생각하면 됩니다.
중국어의 비운모로는 [an], [en], [ang], [eng], [ong] 등이 있습니다.

an	ian	uan	üan
fàn	qián	suān	xuǎn

en	in	uen	ün
rén	jìn	kùn	jūn

ang	iang	uang
tāng	liǎng	chuáng

eng	ing	ueng
lěng	qǐng	wēng

ong	iong
hóng	qióng

 권설음(卷舌元音) MP3 02-03

표준어에서 er[*r]로 구성된 음절은 성모가 없이 단독으로 음절을 구성합니다. 자주 쓰이
는 글자로 二, 儿, 耳, 而 등이 있습니다. 또 음절 끝에 권설음을 추가하여 'er화'하는 단
어도 있습니다.

예 huār (花儿)　　　wánr (玩儿)

운모 성모	ai	ei	ao	ou	an	en	ia	ua	uo	ie	üe	ang	eng	ong	ing
b	bai	bei	bao		ban	ben				bie		bang	beng		bing
p	pai	pei	pao	pou	pan	pen				pie		pang	peng		ping
m	mai	mei	mao	mou	man	men				mie		mang	meng		ming
f		fei		fou	fan	fen						fang	feng		
d	dai	dei	dao	dou	dan	den			duo	die		dang	deng	dong	ding
t	tai		tao	tou	tan				tuo	tie		tang	teng	tong	ting
n	nai	nei	nao	nou	nan	nen			nuo	nie	nüe	nang	neng	nong	ning
l	lai	lei	lao	lou	lan		lia		luo	lie	lüe	lang	leng	long	ling
g	gai	gei	gao	gou	gan	gen		gua	guo			gang	geng	gong	
k	kai	kei	kao	kou	kan	ken		kua	kuo			kang	keng	kong	
h	hai	hei	hao	hou	han	hen		hua	huo			hang	heng	hong	
j							jia			jie	jue				jing
q							qia			qie	que				qing
x							xia			xie	xue				xing
z	zai	zei	zao	zou	zan	zen			zuo			zang	zeng	zong	
c	cai		cao	cou	can	cen			cuo			cang	ceng	cong	
s	sai		sao	sou	san	sen			suo			sang	seng	song	
zh	zhai	zhei	zhao	zhou	zhan	zhen		zhua	zhuo			zhang	zheng	zhong	
ch	chai		chao	chou	chan	chen		chua	chuo			chang	cheng	chong	
sh	shai	shei	shao	shou	shan	shen		shua	shuo			shang	sheng		
r			rao	rou	ran	ren		rua	ruo			rang	reng	rong	

iao	iou (iu)	ian	in	uai	uei (ui)	uan	üan	uen (un)	ün	iang	uang	iong
biao		bian	bin									
piao		pian	pin									
miao	miu	mian	min									
diao	diu	dian			dui	duan		dun				
tiao		tian			tui	tuan		tun				
niao	niu	nian	nin			nuan				niang		
liao	liu	lian	lin			luan		lun		liang		
				guai	gui	guan		gun			guang	
				kuai	kui	kuan		kun			kuang	
				huai	hui	huan		hun			huang	
jiao	jiu	jian	jin				juan		jun	jiang		jiong
qiao	qiu	qian	qin				quan		qun	qiang		qiong
xiao	xiu	xian	xin				xuan		xun	xiang		xiong
					zui	zuan		zun				
					cui	cuan		cun				
					sui	suan		sun				
				zhuai	zhui	zhuan		zhun			zhuang	
				chuai	chui	chuan		chun			chuang	
				shuai	shui	shuan		shun			shuang	
					rui	ruan		run				

연습 문제

01 성조에 유의하여 큰 소리로 따라 읽어 봅시다.  MP3 02-05

❶ cāi　cái　cǎi　cài　　❷ shōu　shóu　shǒu　shòu

❸ tāng　táng　tǎng　tàng　　❹ jiāo　jiáo　jiǎo　jiào

❺ hūn　hún　hǔn　hùn　　❻ xuē　xué　xuě　xuè

02 복운모에 유의하여 큰 소리로 따라 읽어 봅시다. MP3 02-06

❶　ao　　ou　　❷　ai　　ei　　❸　ie　　üe

táo	tóu	mǎi	měi	xiě	xuě
zǎo	zǒu	pài	pèi	jié	jué
shāo	shōu	hāi	hēi	qiē	quē
gào	gòu	lái	léi	liè	lüè

03 비운모에 유의하여 큰 소리로 따라 읽어 봅시다. MP3 02-07

❶　en　　eng　　❷　in　　ing　　❸　iang　iong

fēn	fēng	xīn	xīng	xiāng	xiōng
chén	chéng	mín	míng	qiáng	qióng
běn	běng	jǐn	jǐng	jiǎng	jiǒng
hèn	hèng	bìn	bìng	xiáng	xióng

04 큰 소리로 따라 읽어 봅시다. MP3 02-08

❶ bǎi (百)　　fēi (飞)　　māo (猫)　　dōu (都)　　fàn (饭)

❷ rén (人)　　tāng (汤)　　lěng (冷)　　hóng (红)　　jiā (家)

❸ niǎo (鸟)　　xiě (写)　　niú (牛)　　qián (钱)　　jìn (进)

❹ liǎng (两)　　qǐng (请)　　qióng (穷)　　huā (花)　　zuò (坐)

❺ shuài (帅)　　xué (学)　　suān (酸)　　jūn (军)　　èr (二)

05

큰 소리로 따라 읽고 한어병음을 적어 봅시다. MP3 02-09

① (咖啡) (啤酒) (牛奶)

② (水果) (香蕉) (面包)

③ (大学) (词典) (电话)

④ (花儿) (盖儿) (玩儿)

01 인칭대명사 MP3 02-10

wǒ (我)
나

wǒmen (我们)
우리

nǐ (你)
너

nǐmen (你们)
너희

tā (他)
그

tāmen (他们)
그들

tā (她)
그녀

tāmen (她们)
그녀들

tā (它)
그것

tāmen (它们)
그것들

02 중국어 문장의 기본 🎧 02-11

1. 긍정문: 중국어 문장의 기본 어순은 '주어 + 동사 + 목적어'입니다.

Tā chī fàn.
他 吃 饭。

그는 밥을 먹는다.

2. 부정문: 부정문을 만들려면 동사 앞에 不를 넣으면 됩니다.

Tā bù chī fàn.
他 不 吃 饭。

그는 밥을 먹지 않는다.

3. 의문문: 의문문을 만들려면 서술문 문장 끝에 吗?를 붙입니다.

Tā chī fàn ma?
他 吃 饭 吗?

그는 밥을 먹습니까?

UNIT 03 중국어의 발음(3)

 경성(轻声)

경성이란 하나의 음절이 본래의 성조를 잃은 채 가볍고 짧게 발음되는 것을 말합니다. 1성, 2성, 3성, 4성과 달리 아무런 부호도 표시하지 않습니다. 그리고 음의 높이는 바로 앞 음절의 성조에 따라 결정됩니다.

①

māma (妈妈)
엄마

yéye (爷爷)
할아버지

nǎinai (奶奶)
할머니

bàba (爸爸)
아빠

②

tīngting
(听听)
들어 보다

qiáoqiao
(瞧瞧)
쳐다보다

zhǎozhao
(找找)
찾아보다

xièxie
(谢谢)
감사하다

③

duìbuqǐ
(对不起)
미안하다

zhǎo bu dào
(找不到)
찾을 수 없다

tīng bu dǒng
(听不懂)
알아듣지 못하다

chī bu wán
(吃不完)
다 먹지 못하다

성조의 변화(变调)

1. 3성의 변화 (MP3) 03-04

일반적으로 3성 두 개가 나란히 쓰일 때, 앞의 3성은 2성으로 읽습니다.
도식화하면 ˇ + ˇ → ´ + ˇ 이 됩니다.

예			
nǐ hǎo (你好)	→	ní hǎo	
shuǐguǒ (水果)	→	shuí guǒ	
kěyǐ (可以)	→	ké yǐ	
liǎojiě (了解)	→	liáo jiě	

2. 一와 不의 변화 (MP3) 03-05, 03-06

원래 一는 yī로 읽지만, 뒤에 1, 2, 3성의 글자가 나오면 yì로 읽고, 뒤에 4성의 글자가 나오면 yí로 읽습니다.

예			
yī tiān (一天)	→	yì tiān	
yī nián (一年)	→	yì nián	
yī wǎn (一晚)	→	yì wǎn	
yī kuài (一块)	→	yí kuài	

원래 不는 bù로 읽지만, 만약 뒤에 4성의 글자가 나오면 bú로 읽습니다.

예			
bù gāo (不高)	→	bù gāo	
bù nán (不难)	→	bù nán	
bù hǎo (不好)	→	bù hǎo	
bù màn (不慢)	→	bú màn	

① i로 시작되는 운모로, 앞에 성모가 없을 때는 i를 y로 바꿉니다. i만 있을 때는 yi로 씁니다.

> 예 yi　ya　ye　yao　you　yan　yin　yang　ying　yong

② u로 시작되는 운모로, 앞에 성모가 없을 때는 u를 w로 바꿉니다. u만 있을 때는 wu로 씁니다.

> 예 wu　wa　wo　wai　wei　wan　wen　wang　weng

③ ü로 시작되는 운모로, 앞에 성모가 없을 때는 y를 앞에 붙이고 ü 위의 두 점은 생략합니다.

> 예 yu　yue　yuan　yun

운모 ü, üe가 성모 n, l과 결합할 때는 ü의 점 두 개는 남겨 둡니다.

> 예 nü　lüe

운모 ü 또는 üe가 성모 j, q, x와 결합할 때는 점을 떼고 u로 씁니다. 단 발음은 그대로 ü로 소리냅니다.

> 예 ju　quan　xue

④ iou, uei, uen 앞에 성모가 있으면 iu, ui, un으로 씁니다.

> 예 niu　liu　gui　hun

⑤ 성조 부호는 일반적으로 a, o, e, i, u, ü 순서로 그 위에 표시하는데, i 위에 성조 부호를 쓸 때는 i 위에 있는 점은 생략하고 씁니다.

> 예 kāi　zhǎo　tiào　guā　tiē　zǒu　jīn　jùn　jù

-iu, -ui의 경우 뒤쪽의 u 또는 i 위에 성조를 표시해야 합니다.

> 예 diū　huì

연습 문제

01 경성에 유의하여 큰 소리로 따라 읽어 봅시다. 🎧 MP3 03-07

① dōngxi (东西)　　xiūxi (休息)　　tāmen (他们)

② péngyou (朋友)　　júzi (橘子)　　xuésheng (学生)

③ jiějie (姐姐)　　nuǎnhuo (暖和)　　xǐhuan (喜欢)

④ mèimei (妹妹)　　kànkan (看看)　　dòufu (豆腐)

⑤ piàoliang (漂亮)　　tīng bu dǒng (听不懂)

02 제3성의 변화에 유의하여 큰 소리로 따라 읽어 봅시다. 🎧 MP3 03-08

① xiǎojiě (小姐)　　yěxǔ (也许)　　fǔdǎo (辅导)

② nǎlǐ (哪里)　　shǒubiǎo (手表)　　shuǐguǒ (水果)

03 yī(一)의 성조 변화에 유의하여 큰 소리로 따라 읽어 봅시다. 🎧 MP3 03-09

① yì zhōu (一周)　　yì jīn (一斤)　　yì zhī (一只)

② yì píng (一瓶)　　yì tiáo (一条)　　yì míng (一名)

③ yì kǒu (一口)　　yì běn (一本)　　yì zhǒng (一种)

④ yí cì (一次)　　yí jiàn (一件)　　yí piàn (一片)

04 bù(不)의 성조 변화에 유의하여 큰 소리로 따라 읽어 봅시다. 🎧 MP3 03-10

① bù chī (不吃)　　bù gāo (不高)　　bù zhīdào (不知道)

② bù xíng (不行)　　bù tíng (不停)　　bù néng (不能)

③ bù zǎo (不早)　　bù wǎn (不晚)　　bù mǎi (不买)

④ bú duì (不对)　　bú zài (不在)　　bú mài (不卖)

05 yī(一)와 bù(不)의 성조 변화를 표시해 봅시다. (MP3) 03-11

① ☐ yi mǐ   ☐ yi zhāng   ☐ yi gòng   ☐ yi xià

② ☐ yi pán   ☐ yi lù   ☐ yi běn   ☐ yi huìr

③ ☐ bu suān   ☐ bu míngbai   ☐ bu xiǎo   ☐ bu kuài

④ ☐ bu guì   ☐ bu néng   ☐ bu cuò   ☐ bu dà

06 한어병음을 괄호 안의 단어에 맞춰 바르게 적어 봅시다. (MP3) 03-12

ī (一) → ( )   ǔ (五) → ( )   ǔ (雨) → ( )

iá (牙) → ( )   uǒ (我) → ( )   üè (月) → ( )

iǎn (眼) → ( )   uā (哇) → ( )   üán (元) → ( )

iào (要) → ( )   uài (外) → ( )   ún (云) → ( )

ioǔ (有) → ( )   ueì (喂) → ( )   jǔ (举) → ( )

īn (音) → ( )   ùen (问) → ( )   qù (去) → ( )

īng (英) → ( )   uàn (万) → ( )   xǖ (需) → ( )

iòng (用) → ( )   uáng (王) → ( )   xüǎn (选) → ( )

플러스
어휘

01 가족 MP3 03-13

yéye
(爷爷) 할아버지

nǎinai
(奶奶) 할머니

bàba
(爸爸) 아버지

māma
(妈妈) 어머니

wǒ
(我) 나

gēge
(哥哥) 형

jiějie
(姐姐) 누나

dìdi
(弟弟) 남동생

mèimei
(妹妹) 여동생

02 특수동사 是, 有 (MP3) 03-14

1. 是는 '~이다'라는 뜻으로, 영어의 be 동사에 해당됩니다.

긍정	부정
Zhè shì shū.	Zhè bú shì shū.
这是书。	这不是书。
이것은 책이다.	이것은 책이 아니다.

2. 有는 '~이 있다', '~을 가지고 있다'라는 뜻으로, 영어의 have 동사와 유사합니다.
   부정문을 만들 때 일반적으로 동사 앞에 不를 붙이는데, 有는 没를 붙입니다.

긍정	부정
Wǒ yǒu mèimei.	Wǒ méiyǒu mèimei.
我有妹妹。	我没有妹妹。
나는 여동생이 있다.	나는 여동생이 없다.

你叫什么名字?

너는 이름이 뭐니?

⭐ 발음과 억양에 유의하여 따라 읽어 봅시다.　　　　🎧MP3 04-00

⭐ 현지인의 일상 대화 속도로 따라 읽어 봅시다.

⭐1 ⭐2

01 Nǐmen hǎo!

你们好！

02 Nǐ jiào shénme míngzi?

你叫什么名字？

03 Wǒ jiào Wáng Píng, shì Zhōngguórén.

我叫王平，是中国人。

04 Wǒ xìng Tián. Nǐ ne?

我姓田。你呢？

05 Wǒmen dōu shì liúxuéshēng.

我们都是留学生。

본문 대화

 대화1 제프와 애니가 인사한다. 🎧MP3 04-01

| 제프 | 你好！
Nǐ hǎo! |

| 애니 | 你好！
Nǐ hǎo! |

| 제프 | 我叫杰夫。 你叫什么名字？
Wǒ jiào Jiéfū.　Nǐ jiào shénme míngzi? |

| 애니 | 我叫安妮。
Wǒ jiào Ānnī. |

★ 제프와 애니는 어떻게 인사했습니까?

 새단어

🎧MP3 04-02　你 nǐ 떼 너, 당신 | 好 hǎo 혱 좋다 | 我 wǒ 떼 나 | 叫 jiào 동 (이름을) ~라고 부르다 | 什么 shénme 떼 무엇 | 名字 míngzi 몡 이름

40　**04** 너는 이름이 뭐니?

대화 2 톈 선생님과 학생들이 인사한다. MP3 04-03

톈 선생님
你们好！我姓田。
Nǐmen hǎo! Wǒ xìng Tián.

애니, 제프
您好！田老师！
Nín hǎo! Tián lǎoshī!

톈 선생님
你叫什么名字？
Nǐ jiào shénme míngzi?

제프
我叫杰夫。
Wǒ jiào Jiéfū.

톈 선생님
你呢？
Nǐ ne?

애니
我叫安妮。
Wǒ jiào Ānnī.

★ 톈 선생님은 제프에게 무엇을 물어보았습니까?

 새단어

MP3 04-04 你们 nǐmen 대 너희들 | 姓 xìng 명 동 성(씨가 ~이다) | 田 Tián 고유 톈 씨(성씨) | 您 nín 대 당신, 귀하 (경어) | 老师 lǎoshī 명 선생님 | 呢 ne 조 ~는? (의문)

본문 대화

 왕핑이 제프, 애니와 인사한다. 🎧MP3 04-05

왕핑
你们好！
Nǐmen hǎo!

제프, 애니
你好！
Nǐ hǎo!

제프
你叫什么名字?
Nǐ jiào shénme míngzi?

왕핑
我叫王平，是中国人。你们是……?
Wǒ jiào Wáng Píng, shì Zhōngguórén. Nǐmen shì……?

애니
我们是留学生。我叫安妮，他叫杰夫。
Wǒmen shì liúxuéshēng. Wǒ jiào Ānnī, tā jiào Jiéfū.

★ 왕핑은 어느 나라 사람입니까?

🎧MP3 04-06 是 shì 통 ~이다 | 中国 Zhōngguó 고유 중국 | 人 rén 명 사람 | 我们 wǒmen 대 우리 | 留学生 liúxuéshēng 명 유학생 | 他 tā 대 그

대화 4 제프의 소개　　　　　　　　　　　　　　　MP3 04-07

我叫杰夫，她叫安妮。
Wǒ jiào Jiéfū,　　tā jiào Ānnī.

我们都是留学生，我们的老师姓田。
Wǒmen dōu shì liúxuéshēng, wǒmen de lǎoshī xìng Tián.

★ 제프 반 선생님의 성씨는 무엇입니까?

MP3 04-08　　她 tā 떼 그녀 ｜ 都 dōu 뿐 모두, 다 ｜ 的 de 죠 ~의, ~한

1. 你好! 안녕(하세요)!

누군가를 만났을 때 나누는 인사 표현입니다. 처음 만난 사람이나 알고 지내는 사람 모두에게 사용할 수 있습니다. 대답은 똑같이 "你好!"로 합니다. 이때 상대가 윗사람이면 존칭 您을 써서 "您好!"라고 인사할 수 있습니다.

> 예 A 你好! 안녕!
>   B 你们好! (너희들) 안녕!
>
>   A 你好! 안녕하세요!
>   B 您好，老师! 안녕하세요, 선생님!

2. 你叫什么名字? 너는 이름이 뭐니?

상대방의 이름을 묻는 표현으로, 일반적으로 연장자나 화자보다 지위가 높은 사람에게는 사용하지 않습니다. 대답은 "我叫……" 또는 "我是……"로 하며, 상대방이 이름만 물었다 해도 대답할 때는 성까지 함께 알려 주는 것이 좋습니다. 윗사람의 이름을 물을 때는 "您贵姓?"이라는 표현을 쓸 수 있습니다.

> 예 A 你叫什么名字? 당신은 이름이 무엇입니까?
>   B 我叫金民浩。 저는 김민호라고 합니다.
>
>   A 您贵姓? 성씨가 어떻게 되십니까?
>   B 我姓张，名字叫盾。 저는 장 씨이고, 이름은 둔이라고 합니다.

3. 我姓田。你呢? 저는 톈 씨입니다. 당신은요?

呢는 의문의 어기를 나타내는 조사로, 문장 끝에 써서 앞서 말한 것과 같은 내용을 물어볼 때 씁니다. 우리말로 '~는(은)요?'라고 해석하면 자연스럽습니다. 예를 들어 "我是中国人，你呢?"라는 질문에서 "你呢?"가 의미하는 것은 "你是哪国人?"입니다. 다양한 인칭대명사를 넣어 "你们呢?", "他们呢?"와 같이 물을 수 있습니다.

예 A 你好吗? 잘 지냅니까?
B 我很好，你呢? 저는 잘 지냅니다. 당신은요?
A 我也很好。 저도 잘 지냅니다.

A 你是中国人吗? 당신은 중국 사람입니까?
B 是，我是中国人。你呢? 네, 저는 중국 사람입니다. 당신은요?
A 我也是中国人。 저도 중국 사람입니다.

4. 我是中国人。 나는 중국 사람이야.

是는 '~이다'라는 뜻의 동사입니다. 是의 앞뒤에 나오는 말이 같음을 나타내거나, 是 뒤에 나오는 말이 앞에 쓰인 단어의 종류, 속성 등을 설명합니다.

[동일] 这是苹果。 이것은 사과입니다.(这=苹果)
她是我妈妈。 그녀는 저의 엄마입니다.(她=我妈妈)

[종류] 我是学生。 나는 학생입니다.
他们是韩国人。 그들은 한국 사람입니다.

질문할 때는 조사 吗를 문장 끝에 붙이고, 부정할 때는 부정부사 不를 是 앞에 두어 표현합니다.

예 A 你是老师吗? 당신은 선생님입니까?
B 我不是老师。我是学生。 저는 선생님이 아닙니다. 저는 학생입니다.

교체 연습

예문을 보고 새로운 단어를 넣어 말해 봅시다.

MP3 04-09

01

你好！

안녕(하세요)!

❶ 你们

❷ 田老师

❸ 大家*

大家 dàjiā 몡 모두, 여러분

MP3 04-10

02

我们都是留学生。

우리는 모두 유학생이야.

❶ 学生

❷ 老师

❸ 中国人

MP3 04-11

03

A 你叫什么名字？

B 我叫王平。

A: 너는 이름이 뭐니?

B: 나는 왕핑이라고 해.

❶

你，杰夫

❷

她，安妮

MP3 04-12

04

A 我是中国人，你呢？

B 我是韩国*人。

A: 나는 중국 사람이야. 너는?

B: 나는 한국 사람이야.

❶

老师，留学生

❷

安妮，王平

韩国 Hánguó 고유 한국

플러스 문화

세계적인 역사문화 도시, 베이징

> 베이징의 정식 명칭은 '베이징직할시'이며, 약칭은 京 Jīng입니다.

베이징(北京 Běijīng)은 중화인민공화국의 수도이며, 세계적으로도 유명한 역사문화 도시 중 하나다. 베이징은 전국시대 연(燕)나라를 시작으로 요(辽), 금(金), 원(元), 명(明), 청(清)을 거쳐 지금까지 700년 수도의 역사를 이어 오고 있다. 이로 인해 이곳에는 유구한 역사의 흔적이 담긴 명승 고적이 즐비하다. 이 중 만리장성(长成), 고궁(故宫), 자금성(紫禁城), 천단(天坛), 이화원(颐和园), 명13릉(明十三陵), 주구점 북경원인유적(周口店北京猿人遗址) 등은 이미 세계문화유산으로 등재되어 역사적, 문화적 가치를 인정받고 있다.

경극

경극(京剧 Jīngjù)이란 양쯔강(扬子江) 연안 지방에서 시작되어 베이징에서 완성된 공연 예술의 한 장르로, 서양에서는 이미 '베이징 오페라 Peking Opera'라는 이름으로 그 예술적 가치를 인정받고 있다. 경극은 대사와 노래, 춤과 동작이 어우러진 종합 공연예술이라 할 수 있다. 여기에 화려한 의상과 다양한 얼굴 분장은 극중 배역의 성격을 잘 드러내는 역할을 하여 경극의 재미를 더해준다. 대표적인 경극 작품에는 〈패왕별희(霸王别姬)〉, 〈귀비취주(贵妃醉酒)〉, 〈백사전(白蛇传)〉, 〈팔선과해(八仙过海)〉, 〈장상화(将相和)〉 등이 있다.

사합원

사합원(四合院 sìhéyuàn)은 베이징의 전통적인 건축 양식으로, 네[四] 방향에 놓인 건물을 커다란 담이 둘러싸고[合] 있는 저택[院]을 뜻한다. 베이징에서 수백 년 동안 발전하며 구조, 디자인 등 그만의 특색을 갖게 되었다. 사합원의 외벽에는 대문을 제외하고는 창문을 내지 않는다. 북쪽 건물은 정방(正房)이라 하여 가장 높이 지어 주인이 살고, 동·서 양쪽 건물은 상방(相房)이라 하여 아들, 딸이 거주하고, 남쪽 건물에는 하인들이 거주한다.

culture

후통

후통(胡同 hútòng)은 옛 시가 지를 중심으로 산재한 좁은 골 목길을 일컫는다. '후통'이란 단어는 몽고어 'Hottog(우물)' 에서 기원한 말로, 옛날 사람들 이 우물을 중심으로 모여 살았던 데서 '마을'을 뜻하게 되었 다. 현재 베이징 허우하이(后海) 일대가 대표적인 후통 지 역인데, 여기에는 전통 건축 양식인 사합원도 있어 많은 관 광객이 이곳을 방문하고 있다.

카오야

베이징 오리구이 北京烤鸭(Běijīng kǎoyā)는 원나라 시 대부터 전해 내려온 베이징의 전통 음식으로, "만리장성을 보지 않으면 사나이가 아니오, 오리구이를 먹지 않으면 정 말 유감이다"는 말이 있을 정도로 유명하다. 베이징 오리구 이는 화덕의 열이나 장작불로 3~4시간 구워 만드는데, 껍 질은 바삭바삭하고 속은 부드러운 특징이 있다. 취안쥐더 (全聚德)와 피엔이팡(便宜坊) 등의 전통 음식점이 카오야 로 유명하다.

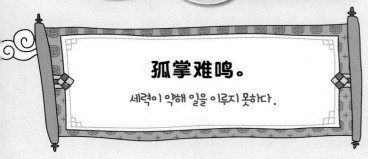

孤掌难鸣。

세력이 약해 일을 이루지 못하다.

스스로 확인

☐☐	你	
☐☐	好	
☐☐	叫	
☐☐	什么	
☐☐	名字	
☐☐	姓	
☐☐	老师	
☐☐	呢	
☐☐	是	
☐☐	人	
☐☐	中国	
☐☐	我们	
☐☐	留学生	
☐☐	都	
☐☐	的	

함께 토론

请根据实际情况，介绍一下你自己。

자기소개를 해 봅시다.

你是哪国人?

너는 어느 나라 사람이니?

학습 목표

✓ 시간에 따른 인사를 할 수 있다.
✓ 국적을 묻고 답할 수 있다.
✓ 나이를 묻고 답할 수 있다.

⭐ 발음과 억양에 유의하여 따라 읽어 봅시다. 🎧MP3 05-00

⭐ 현지인의 일상 대화 속도로 따라 읽어 봅시다.

⭐ ⭐

01 Zǎoshang hǎo!

早上好！

02 Nǐ shì nǎ guó rén?

你是哪国人？

03 Tā shì shéi?

他是谁?

04 Nǐ duō dà?

你多大?

05 Nǐ zài jǐ bān?

你在几班?

대화1 피터와 애니가 국적을 소개한다.   MP3 05-01

피터
早上好！
Zǎoshang hǎo!

애니
早！
Zǎo!

피터
你叫什么名字？
Nǐ jiào shénme míngzi?

애니
我叫安妮。 你呢？
Wǒ jiào Ānnī. Nǐ ne?

피터
我叫彼得。 你是哪国人？
Wǒ jiào Bǐdé. Nǐ shì nǎ guó rén?

애니
我是美国人。你也是美国人吗？
Wǒ shì Měiguórén. Nǐ yě shì Měiguórén ma?

피터
不， 我是法国人。
Bù,   wǒ shì Fǎguórén.

★ 피터는 어느 나라 사람입니까?

 새 단어

MP3 05-02 早上 zǎoshang 명 아침 | 早 zǎo 형 (때가) 이르다, 빠르다 | 哪 nǎ 대 어느, 어디 | 国 guó 명 국가, 나라 | 美国 Měiguó 고유 미국 | 也 yě 부 ~도, 또한 | 吗 ma 조 ~입니까? (의문) | 不 bù 부 않다, 아니다 | 法国 Fǎguó 고유 프랑스

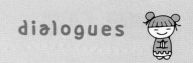
 대화2 애니가 제프와 피터를 소개한다. MP3 05-03

애니
杰夫，你好！
Jiéfū, nǐ hǎo!

제프
你好，安妮！他是谁?
Nǐ hǎo, Ānnī! Tā shì shéi?

애니
他叫彼得，法国人。
Tā jiào Bǐdé, Fǎguórén.

제프
你好，彼得！我叫杰夫！
Nǐ hǎo, Bǐdé! Wǒ jiào Jiéfū!

피터
你好！你是英国人吗?
Nǐ hǎo! Nǐ shì Yīngguórén ma?

제프
对。
Duì.

★ 제프는 어느 나라 사람입니까?

Tip.

谁는 shuí로 읽기도 합니다.

 새 단어

MP3 05-04　谁 shéi 때 누구 | 英国 Yīngguó 교유 영국 | 对 duì 형 맞다, 옳다

05 你是哪国人？　53

대화3 **애니와 제프, 피터가 나이와 반을 소개한다.**　　　　MP3 05-05

제프
你多大?
Nǐ duō dà?

피터
我十九岁。你呢?
Wǒ shíjiǔ suì.　Nǐ ne?

제프
我二十岁。你在几班?
Wǒ èrshí suì.　Nǐ zài jǐ bān?

피터
一班。你们呢?
Yī bān.　Nǐmen ne?

애니
我在二班。
Wǒ zài èr bān.

제프
我也在二班。
Wǒ yě zài èr bān.

★ 애니는 몇 반입니까?

 새 단어

MP3 05-06　多大 duō dà (나이가) 몇 인가 | 十 shí 쉬 10, 열 | 岁 suì 명 살, 세 | 二 èr 쉬 2, 둘 | 在 zài 통
~에 있다 개 ~에 | 几 jǐ 대 몇 | 班 bān 명양 반 | 一 yī 쉬 1, 하나

대화 4 **피터의 자기소개**

MP3 05-07

我是法国人，今年十九岁。
Wǒ shì Fǎguórén,　jīnnián shíjiǔ suì.

安妮是美国人，杰夫是英国人。
Ānnī shì Měiguórén,　Jiéfū shì Yīngguórén.

我在一班，他们都在二班。
Wǒ zài yī bān,　tāmen dōu zài èr bān.

★ 피터는 애니와 같은 반입니까?

MP3 05-08
今年 jīnnián 명 금년, 올해 ｜ 他们 tāmen 데 그들

1. 早上好! 안녕!(아침 인사)

일반적으로 오전 10시 이전에 만났을 때 나누는 아침 인사말입니다. 짧게 "早！"라고 하거나, "早晨好！" 또는 "你(您)早！"라고 말할 수도 있습니다. 이렇게 시간대를 표현하는 단어를 이용해 상황에 맞게 인사할 수 있으며, 상대방 역시 "早上好！", "早晨好！" 또는 "你(您)早！"라고 답합니다.

예 **中午好！** 안녕!(점심 인사)　　　　　**晚上好！** 안녕!(저녁 인사)

2. 他是谁? 그는 누구니?

谁는 상대가 누구인지를 물어볼 때 사용하는 의문대명사로, 영어의 who에 해당합니다. 의문대명사는 문장에서 여러 성분으로 사용되는데, 묻고 싶은 내용에 의문대명사를 넣어 물어보면 됩니다.

예 A **他是谁?** 그는 누구입니까?
　　B **他是我朋友。** 그는 제 친구입니다.

　　谁来了? 누가 왔습니까?　　　　　**谁的名字?** 누구의 이름(입니까)?

3. 你多大? 너는 몇 살이니?

'얼마, 몇'이라는 뜻의 多大는 수량을 물어볼 때 쓰는 의문대명사입니다. 일반적으로 나이도 숫자로 표현하므로, 多大를 사용하여 다른 사람의 나이를 묻습니다. 그러나 보통 자신보다 나이가 많은 사람에게는 쓰지 않습니다. 나이가 많은 사람에게는 年纪 niánji로 묻습니다.

예 A **你多大?** 당신은 몇 살입니까?
　　B **我十七岁。** 저는 17세입니다.

　　A **您多大年纪?** 당신은 연세가 얼마나 되십니까?
　　B **我六十八岁。** 저는 68세입니다.

4. 你在几班? 너는 몇 반이니?

几는 多처럼 수량을 물을 때 쓰이며, 일반적으로 10보다 적은 수량을 묻거나 날짜처럼 확정적인 숫자를 물을 때 사용합니다.

예 A 你在几班? 당신은 몇 반입니까?
B 我在三班。 저는 3반입니다.

A 你几岁? 너는 몇 살이니?
B 我八岁。 저는 8살이에요.

5. 一, 二, 三 수 읽기

중국어로 수를 읽을 때는 개별 숫자와 자릿수를 함께 읽으며, 우리말 표현과 같습니다.

1	2	3	4	5
一 yī	二 èr	三 sān	四 sì	五 wǔ

6	7	8	9	10
六 liù	七 qī	八 bā	九 jiǔ	十 shí

11	12	13	14	15
十一 shíyī	十二 shí'èr	十三 shísān	十四 shísì	十五 shíwǔ

16	17	18	19	20
十六 shíliù	十七 shíqī	十八 shíbā	十九 shíjiǔ	二十 èrshí

21	……	31	……	39	……
二十一 èrshíyī		三十一 sānshíyī		三十九 sānshíjiǔ	

50	……	98	……	100
五十 wǔshí		九十八 jiǔshíbā		一百 yìbǎi

교체 연습

 예문을 보고 새로운 단어를 넣어 말해 봅시다.

MP3 05-09

01 <u>早上</u>好!

안녕!(아침 인사)

① 早晨*

② 晚上*

③ 下午*

早晨 zǎochen 명 아침, 새벽, 오전 | 晚上 wǎnshang 명 저녁, 밤 | 下午 xiàwǔ 명 오후

MP3 05-10

02 我是<u>美国</u>人。

나는 미국 사람이야.

① 日本*

② 韩国

③ 德国*

日本 Rìběn 고유 일본 | 德国 Déguó 고유 독일

MP3 05-11

03

A 你多大?（您多大年纪?）　　A: 너는 몇 살이니?（연세가 어떻게 되세요?）

B 我二十岁。　　　　　　　B: 나는 20살이야.

❶

他，十八

❷

她，四十五

MP3 05-12

04

A 你在几班?　　　　　　　A: 너는 몇 반이니?

B 我在二班。　　　　　　　B: 나는 2반이야.

❶

她，一

❷

他们，三

플러스 어휘

세계의 여러 나라

英国 Yīngguó 영국	法国 Fǎguó 프랑스	埃及 Āijí 이집트
印度 Yìndù 인도	俄罗斯 Éluósī 러시아	中国 Zhōngguó 중국
韩国 Hánguó 한국	日本 Rìběn 일본	澳大利亚 Àodàlìyà 호주
加拿大 Jiānádà 캐나다	美国 Měiguó 미국	巴西 Bāxī 브라질

大西洋	Dàxīyáng	대서양	亚洲	Yàzhōu	아시아 대륙
太平洋	Tàipíngyáng	태평양	欧洲	Ōuzhōu	유럽 대륙
印度洋	Yìndùyáng	인도양	美洲	Měizhōu	아메리카 대륙
北冰洋	Běibīngyáng	북극해	大洋洲	Dàyángzhōu	오세아니아 대륙
南冰洋	Nánbīngyáng	남극해	非洲	Fēizhōu	아프리카 대륙

words

德国 Déguó 독일	
意大利 Yìdàlì 이탈리아	
瑞士 Ruìshì 스위스	
西班牙 Xībānyá 스페인	
葡萄牙 Pútáoyá 포르투갈	
希腊 Xīlà 그리스	
土耳其 Tǔ'ěrqí 터키	
以色列 Yǐsèliè 이스라엘	
南非共和国 Nánfēi Gònghéguó 남아프리카 공화국	
肯尼亚 Kěnníyà 케냐	
墨西哥 Mòxīgē 멕시코	
阿根廷 Āgēntíng 아르헨티나	
智利 Zhìlì 칠레	

 함께 토론

请用课文中的表达方式,
介绍一下你的同学或者朋友。

친구를 소개해
봅시다.

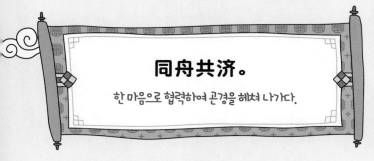

同舟共济。

한 마음으로 협력하여 곤경을 헤쳐 나가다.

现在几点?

지금 몇 시니?

⭐ 발음과 억양에 유의하여 따라 읽어 봅시다.　　　　　　　MP3 06-00

⭐ 현지인의 일상 대화 속도로 따라 읽어 봅시다.

01 Xiànzài jǐ diǎn?

现在几点?

02 Jīntiān xīngqī jǐ?

今天星期几?

03 Jīntiān bā diǎn wǒ méiyǒu kè.

今天八点我没有课。

04 Chà liǎng fēn jiǔ diǎn.

差两分九点。

05 Nǐ gāi shàngkè le, zàijiàn!

你该上课了，再见！

본문 대화

대화1 애니가 리사에게 시간을 묻는다. ◀MP3▶ 06-01

애니
> 丽莎，现在几点?
> Lìshā, xiànzài jǐ diǎn?

리사
> 七点半。
> Qī diǎn bàn.

애니
> 今天星期几?
> Jīntiān xīngqī jǐ?

리사
> 星期二。
> Xīngqī'èr.

애니
> 今天八点我没有课。
> Jīntiān bā diǎn wǒ méiyǒu kè.

★ 오늘은 무슨 요일입니까?

◀MP3▶ 06-02 现在 xiànzài 명 지금, 현재 | 点 diǎn 양 시 명 약간, 조금 | 七 qī 수 7, 일곱 | 半 bàn 수 2분의 1, 반, 절반 | 今天 jīntiān 명 오늘 | 星期 xīngqī 명 주, 요일 | 八 bā 수 8, 여덟 | 没有 méiyǒu 동 없다 | 课 kè 명 수업, 강의

대화 2 피터와 애니가 수업 시간을 이야기한다. ◀MP3▶ 06-03

피터   安妮，明天你有课吗？
Ānnī, míngtiān nǐ yǒu kè ma?

애니   有。
Yǒu.

피터   几点上课？
Jǐ diǎn shàngkè?

애니   上午从八点到九点五十分上口语课。
Shàngwǔ cóng bā diǎn dào jiǔ diǎn wǔshí fēn shàng kǒuyǔkè.

你呢？
Nǐ ne?

피터   明天上午我没有课。
Míngtiān shàngwǔ wǒ méiyǒu kè.

★ 피터는 내일 오전 수업이 있습니까?

 새 단어

◀MP3▶ 06-04

明天 míngtiān 명 내일 | 有 yǒu 동 있다 | 上课 shàngkè 동 수업하다 | 上午 shàngwǔ 명 오전 | 从……到…… cóng…… dào…… ~부터 ~까지 | 九 jiǔ 수 9, 아홉 | 五 wǔ 수 5, 다섯 | 分 fēn 양 명 (화폐의) 푼, (시간의) 분 | 口语 kǒuyǔ 명 구어, 회화

피터와 애니가 등교길에 만났다. MP3 06-05

애니   现在几点?
       Xiànzài jǐ diǎn?

피터   差两分九点。
       Chà liǎng fēn jiǔ diǎn.

애니   你该上课了，再见！
       Nǐ gāi shàngkè le, zàijiàn!

피터   再见！
       Zàijiàn!

★ 애니와 피터가 대화를 나눈 것은 몇 시입니까?

Tip

差는 '부족하다'는 뜻으로, 이 단어를 이용해서 시각을 표현할 수 있습니다. 우리말 표현 중, '9시 5분 전'과 비슷합니다.

 새 단어

MP3 06-06   差 chà 동 부족하다, 모자라다 | 两 liǎng 수 2, 둘 | 该……了 gāi……le ~해야 한다, ~할 때가 되었다 | 再见 zàijiàn 동 안녕, 안녕히 계십시오(가십시오)

대화4 **애니의 수업** 〔MP3〕 06-07

今天是星期二，我八点没有课。
Jīntiān shì xīngqī'èr,　wǒ bā diǎn méiyǒu kè.

明天从早上八点到九点五十有口语课。
Míngtiān cóng zǎoshang bā diǎn dào jiǔ diǎn wǔshí yǒu kǒuyǔkè.

★ 애니의 회화 수업은 언제입니까?

1. (现在)七点半。(지금은) 7시 반이야.

시간은 숫자와 시간 단위를 합해 말하는데, 시는 点으로, 분은 分으로 말합니다. 분 단위로는 15분을 가리키는 刻와 30분을 가리키는 半이라는 표현도 있습니다. 그리고 '~분 전(~시)'은 差……分이라고 말하기도 합니다.

예
- **1:00** 一点 1시
  yī diǎn

- **1:05** 一点零五分 (＝一点过五分) 1시 5분
  yī diǎn líng wǔ fēn (=yī diǎn guò wǔ fēn)

- **1:15** 一点一刻 (＝一点十五分) 1시 15분
  yī diǎn yí kè (=yī diǎn shíwǔ fēn)

- **1:30** 一点半 (＝一点三十分) 1시 반(1시 30분)
  yī diǎn bàn (=yī diǎn sānshí fēn)

- **1:45** 一点三刻 (＝一点四十五分)(差一刻两点) 1시 45분(2시 15분 전)
  yī diǎn sān kè (=yī diǎn sìshíwǔ fēn)(chà yí kè liǎng diǎn)

- **1:55** 一点五十五分 (＝差五分两点＝两点差五分) 1시 55분(2시 5분 전)
  yī diǎn wǔshíwǔ fēn (=chà wǔ fēn liǎng diǎn =liǎng diǎn chà wǔ fēn)

2. (今天)星期二。(오늘은) 화요일이야.

주와 요일을 표현할 때는 星期를 사용합니다. 월요일부터 토요일까지는 순서대로 숫자 一……六를 붙이고, 일요일은 日나 天을 붙여 표현합니다. 그래서 중국의 달력은 월요일부터 배열된 것이 많습니다.

예

星期一	星期二	星期三	星期四	星期五	星期六	星期天(日)
xīngqīyī	xīngqī'èr	xīngqīsān	xīngqīsì	xīngqīwǔ	xīngqīliù	xīngqītiān(rì)
월요일	화요일	수요일	목요일	금요일	토요일	일요일

上个星期 shàng ge xīngqī 지난주   下个星期 xià ge xīngqī 다음 주

3. 从八点到九点五十分上口语课。 8시부터 9시 50분까지 회화 수업을 들어.

从……到……는 '8시에서 9시까지', '어제부터 오늘까지', '10살부터 15살까지'처럼 시간의 일정한 구간을 표시합니다. '베이징에서 상하이까지', '여기부터 저기까지'처럼 일정한 공간적 거리를 나타내기도 합니다.

> (예) **从星期一到星期五** 월요일에서 금요일까지
>
> **从上海到北京** 상하이에서 베이징까지

4. 差两分九点。 9시 2분 전이야.

二과 两은 모두 '2'를 나타내는 단어입니다. 일반적으로 수나 순서를 말할 때는 二을 쓰고, 단독으로 양사 앞에 올 때는 '两'을 사용합니다. 두 자릿수 이상의 숫자일 경우에는 '二'을 사용하며, 자릿수 '百' 앞에는 '两' 혹은 '二' 모두 가능하지만, '千, 万, 亿' 앞에는 일반적으로 '两'을 사용합니다.

> (예) **一, 二, 三,…** 1, 2, 3,…   **第二** 두 번째
>
> **两个人** 두 사람   **两点** 2시   **两天** 이틀
>
> **十二个人** 열두 명   **二十二点** 22시
>
> **两百二** 202   **两千个人** 2천 명

5. 你该上课了。 너 곧 수업 들어야 하네.

该는 '마땅히 ~해야 한다'라는 뜻의 조동사입니다. 조동사는 동사 앞에 놓여서 가능, 의무, 추측 등의 의미를 덧붙여 주는 단어를 말합니다. 여기에 시간의 변화를 나타내는 了를 덧붙여주면, '마땅히 ~할 때가 되었다'라는 뜻이 됩니다.

> (예) **你该起床了。** 당신은 일어날 때가 되었다.
>
> **我该走了。** 나는 가야할 때가 되었다.
>
> **今年他该毕业了。** 올해 그는 졸업한다.

교체 연습

예문을 보고 새로운 단어를 넣어 말해 봅시다.

MP3 06-08

01 我没有<u>课</u>。

나는 수업이 없어.

❶ 手表*

❷ 妹妹

❸ 时间*

手表 shǒubiǎo 명 손목시계 | 时间 shíjiān 명 시간

MP3 06-09

02 从<u>八</u>点到<u>九</u>点上<u>口语</u>课。

8시부터 9시까지 회화 수업을 들어.

❶ 两　　四　　汉语

❷ 十　　十一　　听力*

❸ 三　　五　　汉字*

听力 tīnglì 명 듣기 | 汉字 Hànzì 고유 한자

MP3 06-10

03

A 现在几点？

B 现在<u>七点半</u>。

A: 지금 몇 시니?

B: 지금 7시 반이야.

❶

十点十分

❷

差五分十二点

MP3 06-11

04

A <u>今天</u>星期几？

B <u>今天</u> 星期二。

A: 오늘 무슨 요일이니?

B: 오늘 화요일이야.

❶

昨天*，星期一

❷

后天*，星期四

昨天 zuótiān 명 어제 | 后天 hòutiān 명 모레

중국의 소수민족, 쫭족

중국의 소수민족은 전체 인구의 8%에 불과하지만 분포 지역은 상당히 광범위하여, 이들 거주 면적은 전 국토의 60% 이상을 차지하고 있다.

이중 제1 소수민족인 쫭족(壮族 Zhuàngzú)은 전체 인구 중 1.27%를 차지하며, 총 인구수는 1,700만여 명이다. 광시쫭족자치구(广西壮族自治区)가 성립된 후에, 광시성을 비롯해 윈난성(云南), 광둥성(广东) 등 여러 지역에 거주하고 있다.

화려한 공예품과 복식

쫭족 여성들은 비단에 오색실로 아름답게 자수를 입혀 만든 장금(壮锦 zhuàngjǐn)을 만드는 데, 이 비단은 이미 당송 시대부터 이름을 떨쳤으며 명대에는 황실 공예품으로 지정될 정도로 유명했다. 원래 쫭족은 짙은 청색이나 검은색을 숭상하여 주로 짙은 색의 옷을 입으며, 여기에 자수를 놓은 가슴장식을 덧입거나 화려하게 꾸민 신발, 모자를 착용한다.

전통 가무

쫭족은 예로부터 춤과 노래를 좋아하여, 이들이 사는 곳을 '노래의 바다'라고 불렀다. 가우(歌圩)는 쫭족 사람들의 노래 공연으로, 1만 명 이상이 참가하는 큰 축제이다. 또 이 기간에는 여성들이 수놓은 공을 마음에 드는 남성에게 던져 사랑에 화답하는 포수구(抛绣球)라는 활동도 이루어진다. 이외에 공에 자수를 놓는 춤이나 찻잎을 따는 춤과 같은 전통 무용이 유명하다.

culture

다랑이논과 간란

좡족은 전통적으로 농업을 숭상하여, 척박한 산간지대에도 다랑이논을 일구어 벼농사와 차농사를 짓고 살고 있다. 우혼절(牛魂节, 牛王节)이라는 전통 명절을 지내며 농업의 신성함과 풍년을 기원한다. 봄에 처음 밭갈이를 한 날 집마다 오색 찹쌀밥과 신선한 채소를 소에게 먹여 봄갈이 동안 수고한 소를 위로한다.

좡족의 전통 가옥을 간란(干栏)이라고하는데, 간란은 땅에 기둥을 박고 그 위에 목조 가구를 얹어 만든 형태로 되어 있다. 간란의 가장 큰 특징은 지면과 집 사이에 공간을 두는 것인데, 이는 지면에서 올라오는 습기와 벌레, 뱀을 차단하는 동시에 경사진 곳에 효율적으로 집을 지을 수 있기 때문이다.

狐假虎威。

남의 권세를 빌려 위세를 부리다.

스스로 확인

	现在
☐☐	点
☐☐	半
☐☐	今天
☐☐	星期
☐☐	没有
☐☐	课
☐☐	明天
☐☐	有
☐☐	上课
☐☐	上午
☐☐	分
☐☐	口语
☐☐	差
☐☐	两

함께 토론

请介绍一下自己的口语课时间。

중국어 회화 수업을 소개해 봅시다.

食堂在哪儿?

식당은 어디에 있나요?

학습 목표

✓ 장소를 묻고 답할 수 있다.
✓ 위치를 설명할 수 있다.
✓ 상태를 설명할 수 있다.

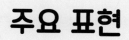

⭐ 발음과 억양에 유의하여 따라 읽어 봅시다. (MP3) 07-00

⭐ 현지인의 일상 대화 속도로 따라 읽어 봅시다.

⭐① ⭐②

01
Qǐngwèn, sān bān de jiàoshì zài zhèr ma?

请问，三班的教室在这儿吗?

02
Búyòng xiè.

不用谢。

03
Qǐngwèn, liúxuéshēng shítáng zài nǎr?

请问，留学生食堂在哪儿?

04
Wǒmen de xuéxiào hěn dà.

我们的学校很大。

05
Shítáng zài sùshè de pángbiān.

食堂在宿舍的旁边。

본문 대화

 애니가 교실을 찾는다.

애니
请问，三班的教室在这儿吗？
Qǐngwèn, sān bān de jiàoshì zài zhèr ma?

박지영
对，在这儿。
Duì, zài zhèr.

애니
谢谢你。
Xièxie nǐ.

박지영
不用谢。
Búyòng xiè.

★ 애니는 지금 어디를 가려고 합니까?

请问 qǐngwèn 屠 잠깐 여쭙겠습니다 | 三 sān 㪰 3, 셋 | 教室 jiàoshì 廖 교실 | 这儿 zhèr 떼
여기, 이곳 | 谢谢 xièxie 屠 감사하다 | 不用 búyòng 串 ~할 필요가 없다

대화2 야마다가 유학생 식당을 찾는다.

MP3 07-03

야마다
请问，留学生食堂在哪儿？
Qǐngwèn, liúxuéshēng shítáng zài nǎr?

피터
在那儿。
Zài nàr.

야마다
在哪边？
Zài nǎbian?

피터
留学生宿舍的旁边。
Liúxuéshēng sùshè de pángbiān.

야마다
谢谢。
Xièxie.

★ 야마다는 지금 어디를 가려고 합니까?

MP3 07-04

食堂 shítáng 명 구내식당 | 哪儿 nǎr 대 어디, 어느 곳 | 那儿 nàr 대 저기, 그곳 | 哪边 nǎbian 대 어느 쪽 | 宿舍 sùshè 명 기숙사 | 旁边 pángbiān 명 근방, 근처, 옆

대화3 제프가 화장실의 위치를 알려준다. MP3 07-05

학생
请问，厕所在哪儿？
Qǐngwèn, cèsuǒ zài nǎr?

제프
在这个教室的右边。
Zài zhège jiàoshì de yòubian.

……不对，在那个教室的左边。
…… Bú duì, zài nàge jiàoshì de zuǒbian.

학생
谢谢！
Xièxie!

제프
不用谢。
Búyòng xiè.

★ 화장실은 교실의 어느 쪽에 있습니까?

Tip

 这나 那, 哪는 각각 zhèi, nèi, něi로도 발음합니다.

 새단어

MP3 07-06 厕所 cèsuǒ 명 화장실 | 这个 zhège 대 이것 | 右边 yòubian 명 오른쪽, 우측 | 那个 nàge
대 저것 | 左边 zuǒbian 명 왼쪽, 좌측

대화4 제프의 학교 소개

MP3 07-07

这是我们的学校。我们的学校很大。
Zhè shì wǒmen de xuéxiào. Wǒmen de xuéxiào hěn dà.

这是我们上课的地方，那是留学生宿舍。
Zhè shì wǒmen shàngkè de dìfang, nà shì liúxuéshēng sùshè.

食堂在宿舍的旁边。
Shítáng zài sùshè de pángbiān.

★ 유학생 식당은 어디에 있습니까?

새 단어

MP3 07-08

这 zhè 때 이 | 学校 xuéxiào 명 학교 | 很 hěn 부 아주, 매우 | 大 dà 형 크다 | 地方 dìfang
명 장소, 곳 | 那 nà 때 저

본문 해설

1. 请问。 말씀 좀 여쭙겠습니다.

请问은 무언가를 공손히 물어볼 때 질문하기 전에 덧붙여 쓰는 표현입니다. 원래 请은 '요 청하다'는 뜻의 동사로, 동사 앞에 쓰여 공손하게 요구하는 표현을 나타냅니다.

- 예 **请问，教室在哪儿?** 말씀 좀 여쭙겠습니다. 교실은 어디에 있습니까?
  请问，现在几点? 말씀 좀 여쭙겠습니다. 지금 몇 시입니까?
  请稍等。 잠시만 기다리십시오.

2. 不用谢。 별말씀을요.

'고맙다', '미안하다'는 등의 말을 들으면 예의상 대답을 해야 하는데, 이런 표현을 중국어로 '客套话 kètàohuà'라고 합니다. 不用谢는 그대로 해석하면 '감사할 필요가 없다'로, '고맙다' 는 말에 대한 대답으로 하는 말입니다. 같은 의미로 不客气 bú kèqi라는 표현도 있습니다.

- 예 A **谢谢。** 고맙습니다.
  B **不用谢。** 별말씀을요.

자주 쓰이는 客套话에는 다음과 같은 것이 있습니다.

- 예 A **对不起。** 미안합니다.
  B **没关系。** 괜찮습니다.

不用은 '(그럴) 필요 없다'는 뜻입니다.

- 예 **我知道了，你不用说了。** 알았으니, 당신은 더 말할 필요 없습니다.
  你不用担心。 당신은 걱정할 필요 없다.

3. 在哪边? 어느 쪽이요?

무엇을 가리킬 때 대신 사용하는 말을 지시대명사라고 합니다. 중국어에서 지시대명사는 这, 那가 있는데, 거리에 따라 각각 가까운 것과 먼 것을 가리킵니다. 질문할 때나 불특정한 것을 가리킬 때는 哪를 씁니다. 지시대명사는 관형어로도 자주 쓰이는데, 이때 뒤쪽의 수사나 양사의 영향을 받아 zhèi, nèi, něi로 발음하기도 합니다.

- 예 **这是杯子。** 이것은 컵이다.　　　　　　**这本书** 이 책

  那是我爸爸。 저 사람은 우리 아빠이다.　**那两个人** 저 두 사람

  哪个是你的? 어느 것이 네 것인가?　　**哪辆自行车?** 어느 자전거인가?

지시대명사는 里, 儿, 边 등과 결합하면 장소를 가리키고, 样, 么 등과 결합하면 방식이나 정도를 표현하는 등 여러 방식으로 결합하여 쓰입니다.

- 예 **这儿 (=这里)** 이곳　　**那儿 (=那里)** 저곳　　**哪儿 (=哪里)** 어느 곳

  这样 이렇다　　　　　**那样** 저렇다　　　　　**哪样** 어떻다

4. 留学生宿舍的旁边。 유학생 기숙사 옆쪽입니다.

방향과 위치를 나타내는 명사를 방위명사라고 합니다. 단순방위사는 东, 南, 上, 左, 前, 里, 外 등이 있습니다. 이들 방위사는 홀로 쓰이기도 하지만, 명사와 결합하여 '기숙사 옆, 교실 왼쪽, 杰夫의 오른쪽'처럼 장소, 시간, 경계 등을 나타내기도 합니다.

- 예 **家里** 집 안　　**桌旁** 책상 옆　　**椅子上** 의자 위　　**门前** 문 앞

또 이들 방위사 뒤에 边, 面 등의 접미사를 붙이기도 하는데, 이를 합성방위사라고 합니다.

- 예 **东边** dōngbian 동쪽　**南边** nánbian 남쪽　**西边** xībian 서쪽　**北边** běibian 북쪽

  前边 qiánbian 앞쪽　**后边** hòubian 뒤쪽　**左边** zuǒbian 왼쪽　**右边** yòubian 오른쪽

  上边 shàngbian 위쪽　**下边** xiàbian 아래쪽　**里边** lǐbian 안쪽　　**外边** wàibian 바깥쪽

  旁边 pángbiān 옆쪽

교체 연습

 예문을 보고 새로운 단어를 넣어 말해 봅시다.

MP3 07-09

01 <u>我们的学校</u>很<u>大</u>。

우리 학교는 매우 큽니다.

❶ 我们的教室　　小*

❷ 他们的老师　　好

❸ 一班的学生　　多*

小 xiǎo 형 작다 | 多 duō 형 많다

MP3 07-10

02 这是<u>我们上课的地方</u>，那是<u>留学生宿舍</u>。

이곳은 우리가 수업하는 곳이고, 저곳은 유학생 기숙사입니다.

❶ 一班的教室　　　二班的教室

❷ 教室　　　　　　食堂

❸ 男*厕所　　　　　女*厕所

男 nán 명 남자 | 女 nǚ 명 여자

03 MP3 07-11

A 食堂在哪儿?　　A: 식당은 어디에 있나요?

B 食堂在宿舍的旁边。　　B: 식당은 기숙사 옆에 있습니다.

❶

图书馆*，银行

❷

彼得，草坪*

图书馆 túshūguǎn 명 도서관 | 草坪 cǎopíng 명 잔디밭, 초원

04 MP3 07-12

A 请问，厕所在哪儿?　　A: 말씀 좀 여쭙겠습니다.
화장실은 어디에 있나요?

B 在这个教室的右边。　　B: 이 교실의 오른쪽에 있습니다.

❶

厕所，左边

❷

办公室*，右边

办公室 bàngōngshì 명 사무실

중국의 대표 요리, 베이징 요리

베이징은 요(辽)나라 이후로 금(金), 원(元), 명(明), 청(清)에 이르는 700여 년 동안 수도로 자리하면서 한족(汉族), 만주족(满族), 몽고족(蒙古族), 후이족(回族) 등 다양한 민족이 어우러져 살아가는 지역이 되었다. 자연스럽게 다양한 음식 문화가 혼합되어 새로운 베이징 요리가 탄생했다.

베이징 요리는 산둥(山东) 지역의 조리법을 기본으로 명·청 황실에서 발달한 궁중 요리(宮廷菜), 쇠고기나 양고기를 주재료로 하는 후이족의 칭전차이(清真菜), 광둥 지역의 조리법을 재구성한 탄자차이(谭家菜) 등이 대표적이다.

궁중 요리

명·청 황궁에서 전해 내려온 궁중 요리는 산둥 요리의 조리법을 기본으로 하여 최고급 재료를 섬세하게 조리했다. 여기에 요리마다 아름다운 이름까지 덧붙여 한 편의 시와 같은 요리를 만든다.

칭전차이

베이징으로 이주해 온 후이족은 쇠고기나 양고기를 사용한 전통적인 후이족 요리에 베이징 요리의 특징을 결합해 칭전차이로 발전시켰다. 유명한 취안양시(全羊席)는 양고기를 부위별로 이용해 수백 개의 요리를 만들어 낸 독특한 요리로 유명하다. 또한 카오러우(烤肉), 솬양러우(涮羊肉) 등은 맛이 독특해 베이징 사람들에게 큰 인기를 끌고 있는 음식이다.

culture

탄자차이

탄자차이는 청말 담종준(谭宗浚)이라는 관료의 집안에서 발전한 요리이다. 그는 광둥 출신으로 대단한 미식가였는데, 베이징의 유명 요리사를 데려와 음식을 만들게 했다. 이

로부터 광둥 요리와 베이징 요리가 결합한 탄자차이가 태어났다. 상어지느러미 요리 중으뜸인 황먼위츠(黄焖鱼翅)는 탄자차이의 대표 음식이다.

画龙点睛。

가장 중요한 부분을 완성하다.

함께 토론

请根据实际情况，介绍一下自己学校。

학교를 소개해 봅시다.

一共多少钱?

모두 얼마예요?

⭐ 발음과 억양에 유의하여 따라 읽어 봅시다. ⟪MP3⟫ 08-00

⭐ 현지인의 일상 대화 속도로 따라 읽어 봅시다.

01 Nǐ yào nǎge cài?

你要哪个菜?

02 Yígòng duōshao qián?

一共多少钱?

03 Shénme yánsè de hǎo?

什么颜色的好?

04 Hēi de zěnmeyàng?

黑的怎么样?

05 Lán de、 hēi de dōu yǒu.

蓝的、黑的都有。

대화1 리사가 유학생 식당에서 음식을 고른다. MP3 08-01

종업원 **你要哪个菜?**
Nǐ yào nǎge cài?

리사 **我要这个。 多少钱?**
Wǒ yào zhège.　Duōshao qián?

종업원 **七块五毛。**
Qī kuài wǔ máo.

★ 리사는 지금 무엇을 하고 있습니까?

 새 단어

MP3 08-02　要 yào 조동 ~하려고 하다 통 바라다 | 哪个 nǎge 대 어느 것 | 菜 cài 명 채소, 요리 | 多少 duōshao 대 얼마, 몇 | 钱 qián 명 돈 | 块(=元) kuài(=yuán) 양 위안(중국의 화폐 단위) | 毛(=角) máo(=jiǎo) 명 마오(중국의 화폐 단위)

대화 2 야마다가 고른 음식을 계산한다. MP3 08-03

야마다
我要这个，还要那个。
Wǒ yào zhège, hái yào nàge.

종업원
还要哪个？
Hái yào nǎge?

야마다
那边，那个！一共多少钱？
Nàbian, nàge!　Yígòng duōshao qián?

종업원
十五块四。
Shíwǔ kuài sì.

★ 야마다가 산 음식의 가격은 얼마입니까?

새 단어

MP3 08-04

还 hái 🖳 또, 아직도, 여전히 | 那边 nàbian 🖳 저쪽 | 一共 yígòng 🖳 합계, 전부, 모두 | 四 sì
🖳 4, 넷

제프와 애니가 상점에서 자전거를 고른다.　　　　　　　MP3 08-05

제프
我要买这种自行车，什么颜色的好？
Wǒ yào mǎi zhè zhǒng zìxíngchē, shénme yánsè de hǎo?

애니
黑的怎么样？
Hēi de zěnmeyàng?

제프
黑的好吗？我喜欢蓝色。
Hēi de hǎo ma? Wǒ xǐhuan lánsè.

애니
请问，这种车有蓝的吗？
Qǐngwèn, zhè zhǒng chē yǒu lán de ma?

판매원
有。蓝的、黑的都有。
Yǒu. Lán de、　hēi de dōu yǒu.

제프
我要一辆蓝的。多少钱？
Wǒ yào yí liàng lán de. Duōshao qián?

판매원
三百四。
Sānbǎi sì.

★ 제프는 어떤 자전거를 사려고 합니까?

 새단어

MP3 08-06

买 mǎi 통 사다 | 种 zhǒng 양 종류 | 自行车 zìxíngchē 명 자전거 | 颜色 yánsè 명 색 | 黑 hēi 형 검다 | 怎么样 zěnmeyàng 대 어떠하냐 | 喜欢 xǐhuan 통 좋아하다 | 蓝色 lánsè 명 파란색 | 车 chē 명 차, 자전거 | 蓝 lán 형 파랗다 | 辆 liàng 양 대(차량을 셀 때 쓰는 양사) | 百 bǎi 수 100, 백

대화4 제프의 새 자전거

MP3 08-07

我要买一辆自行车。我看了黑的，也看了蓝的。
Wǒ yào mǎi yí liàng zìxíngchē. Wǒ kàn le hēi de, yě kàn le lán de.

我不喜欢黑的，我喜欢蓝的。
Wǒ bù xǐhuan hēi de, wǒ xǐhuan lán de.

我花了三百四十块钱，买了一辆蓝的。
Wǒ huā le sānbǎi sìshí kuài qián, mǎi le yí liàng lán de.

★ 제프가 산 자전거의 가격은 얼마입니까?

새단어

MP3 08-08 | 看 kàn 통 보다 | 了 le 조 어기조사(완료) | 花 huā 통 소비하다, 쓰다

1. 你要哪个菜? 어떤 요리를 드릴까요?

우리말의 '명', '벌', '권'처럼 중국어에도 사물이나 사람을 세는 말이 있습니다. 이를 '양사'라고 하며, 수사와 명사 사이에 두어 사용합니다. 중국어에서 양사는 생략할 수 없습니다.

예 **一个人** 한 사람　　　**两辆车** 두 대의 차　　　**三种自行车** 세 종류의 자전거

자주 쓰이는 양사에는 다음과 같은 것이 있습니다.

位 wèi (몇) 분(사람)	口 kǒu (몇) 식구(사람)	条 tiáo (몇) 가닥(가늘고 긴 것)
支 zhī (몇) 자루	台 tái (몇) 대(기계)	本 běn (몇) 권(책)
张 zhāng (몇) 장(평평한 것)	片 piàn (몇) 조각	双 shuāng (몇) 켤레
件 jiàn (몇) 건(사건, 물건)	道 dào (몇) 줄기, 개(문제)	只 zhī (몇) 마리(동물)

2. 七块五毛。 7.5위안입니다.

중국의 공식 화폐는 인민폐로, 기본 단위는 元 yuán이며, 그 아래에 角 jiǎo, 分 fēn이 있습니다. 1元은 10角이고, 1角는 10分입니다. 또 일상생활에서 말할 때는 元 대신 块 kuài로, 角 대신 毛 máo로 말합니다.

예

10.55元　　十元五角五分　　　　十块五毛五(分)
　　　　　　　shí yuán wǔ jiǎo wǔ fēn　　shí kuài wǔ máo wǔ (fēn)

0.12元　　一角二分　　　　　一毛二(分)
　　　　　　yì jiǎo èr fēn　　　yì máo èr (fēn)

2.05元　　两元零五分　　　　两块零五分
　　　　　　liǎng yuán líng wǔ fēn　　liǎng kuài líng wǔ fēn

2.10元　　两元一角　　　　　两块一(毛)
　　　　　　liǎng yuán yì jiǎo　　liǎng kuài yī (máo)

| 3.50元 | 三元五角
sān yuán wǔ jiǎo | 三块五(毛)
sān kuài wǔ (máo) |
| 150.00元 | 一百五十元
yìbǎi wǔshí yuán | 一百五十块
yìbǎi wǔshí kuài |

3. 什么颜色的好? 무슨 색깔(의 것)이 좋을까?

的는 중심어와 수식어를 연결할 때 사용하는 조사로, 소속이나 상태 등을 나타냅니다.

예) **我的书** 나의 책 　　　　　　**黑的自行车** 검은(색) 자전거

본문에서는 的 뒤의 중심어가 생략되어 있는데, 이렇게 중심어가 말하는 사람이나 듣는 사람 모두 알고 있거나 앞서 이미 나왔던 명사형 성분인 경우에는 생략하기도 합니다.

예) **蓝的、黑的都有。** 파란 것, 검은 것 모두 있다.
　　这里有两本书：这是我的，那是他的。
　　이곳에는 두 권의 책이 있다. 이것은 내 것(책)이고, 저것은 그의 것(책)이다.

'~하는 것', '~하는 사람'을 나타낼 때도 중심어를 생략하고 말할 수 있습니다.

예) **我买点儿吃的。** 나는 먹을 것을 좀 산다.

4. 我买了一辆蓝的。 나는 파란색(자전거) 한 대를 샀습니다.

了는 동사 바로 뒤에 쓰여 동작의 완성을 나타냅니다. 이것은 시제와는 상관없이 동작의 완료를 나타내므로 아직 일어나지 않은 상황에서도, 과거에 일어났던 상황에서도 제한없이 사용할 수 있습니다.

예) **昨天我去了天安门。** 어제 나는 천안문에 갔다.
　　下了课就去超市。 수업이 끝나면 바로 슈퍼마켓에 갈 것이다.

교체 연습

예문을 보고 새로운 단어를 넣어 말해 봅시다.

MP3 08-09

01 我要买这<u>种</u> <u>自行车</u>。

저는 이런 자전거를 사려고 합니다.

❶ 本*　　书

❷ 双*　　鞋*

❸ 件*　　衣服*

本 běn 양 권 | 双 shuāng 양 쌍, 켤레 | 鞋 xié 명 신발 | 件 jiàn 양 건, 벌 | 衣服 yīfu 명 옷

MP3 08-10

02 我<u>买了</u>一辆蓝的自行车。

저는 파란(색) 자전거 한 대를 샀습니다.

❶ 吃　　一个面包*

❷ 喝*　　一杯*茶*

❸ 看　　那本书

面包 miànbāo 명 빵 | 喝 hē 동 마시다 | 杯 bēi 양 컵, 잔 | 茶 chá 명 차

MP3 08-11

03

A 你要哪<u>个</u>菜？

B 我要这个。

A: 어떤 요리를 드릴까요?

B: 저는 이걸로 주세요.

①

②

③

辆，车　　　　　　条*，裤子*　　　　　种，颜色

条 tiáo 량 줄기(가늘고 긴 것을 세는 단위) | 裤子 kùzi 명 바지

MP3 08-12

04

A 这种车有<u>蓝的</u>吗？

B 有。<u>蓝的</u>、<u>黑的</u>都有。

A: 이런 종류의 자전거로 파란색이 있나요?

B: 있습니다. 파란색, 검은색 다 있습니다.

①

②

白*的，　　黑的　　　　大的，　　小的

白 bái 형 희다

食品部 shípǐnbù 식료품 코너	日用品部 rìyòngpǐnbù 생활용품 코너
家电部 jiādiànbù 가전제품 코너	减价 jiǎnjià 세일
男装部 nánzhuāngbù 신사복 코너	首饰部 shǒushìbù 액세서리 코너
女装部 nǚzhuāngbù 여성복 코너	电梯 diàntī 엘리베이터
运动用品部 yùndòng yòngpǐnbù 스포츠용품 코너	电动扶梯 diàndòng fútī 에스컬레이터
家具部 jiājùbù 가구 코너	停车场 tíngchēchǎng 주차장

百货大楼	bǎihuò dàlóu	백화점
假日	jiàrì	휴일
店员	diànyuán	점원
贵	guì	비싸다
便宜	piányi	싸다
大	dà	크다
小	xiǎo	작다
超级市场	chāojí shìchǎng	슈퍼마켓
购物中心	gòuwù zhōngxīn	쇼핑센터
商店	shāngdiàn	상점
价格	jiàgé	가격

- ☐☐ 菜
- ☐☐ 多少
- ☐☐ 钱
- ☐☐ 还
- ☐☐ 一共
- ☐☐ 买
- ☐☐ 种
- ☐☐ 自行车
- ☐☐ 颜色
- ☐☐ 怎么样
- ☐☐ 喜欢
- ☐☐ 车
- ☐☐ 辆
- ☐☐ 看
- ☐☐ 花

함께 토론

请介绍一下国旗:
有什么样子，有几种颜色。

태극기의 모양과
색을 소개해 봅시다.

马马虎虎。

일을 건성건성 하다.

你有什么事?

무슨 일 있니?

⭐ 발음과 억양에 유의하여 따라 읽어 봅시다. (MP3) 09-00

⭐ 현지인의 일상 대화 속도로 따라 읽어 봅시다.

⭐ ⭐

01 Nǐ yǒu shénme shì?

你有什么事?

02 Yìqǐ wánrwanr ba!

一起玩儿玩儿吧!

03 Wǒmen wènwen lǎoshī ba.

我们问问老师吧。

04 Nǐ zhīdào Tián lǎoshī de diànhuà hàomǎ ma?

你知道田老师的电话号码吗?

05 Wǒ gěi lǎoshī dǎ diànhuà.

我给老师打电话。

본문 대화

 제프가 왕핑에게 전화를 건다.

MP3 09-01

제프
喂，是王平吗？
Wèi, shì Wáng Píng ma?

왕핑
是。
Shì.

제프
王平，我是杰夫。
Wáng Píng, wǒ shì Jiéfū.

明天晚上你有时间吗？
Míngtiān wǎnshang nǐ yǒu shíjiān ma?

왕핑
有。你有什么事？
Yǒu. Nǐ yǒu shénme shì?

제프
明天是我的生日，一起玩儿玩儿吧！
Míngtiān shì wǒ de shēngrì, yìqǐ wánrwanr ba!

왕핑
好。几点？在哪儿？
Hǎo. Jǐ diǎn? Zài nǎr?

Tip

 전화할 때는 喂를 wéi로도 읽습니다.

제프 晚上六点半在我的宿舍。
Wǎnshang liù diǎn bàn zài wǒ de sùshè.

왕핑 你住在哪儿?
Nǐ zhù zài nǎr?

제프 八号楼601。
Bā hào lóu liù líng yāo.

★ 제프의 방은 몇 호실입니까?

MP3 09-02

喂 wèi 김 (통화할 때) 여보세요 | 晚上 wǎnshang 명 저녁, 밤 | 时间 shíjiān 명 시간 | 事 shì 명 일, 사고, 사건 | 生日 shēngrì 명 생일 | 一起 yìqǐ 부 같이, 함께 | 玩儿 wánr 동 놀다, 여가를 즐기다 | 吧 ba 조 ~하자(제안) | 住 zhù 동 살다, 거주하다, 숙박하다 | 号 hào 명 번, 차례 명 번호 | 楼 lóu 명 층, 다층 건물

애니, 제프가 톈 선생님에게 전화를 건다. MP3 09-03

애니
杰夫，今天的作业我有一个问题，你看看。
Jiéfū, jīntiān de zuòyè wǒ yǒu yí ge wèntí, nǐ kànkan.

제프
这个问题我也不懂。
Zhège wèntí wǒ yě bù dǒng.

애니
我们问问老师吧。
Wǒmen wènwen lǎoshī ba.

제프
你知道田老师的电话号码吗？
Nǐ zhīdào Tián lǎoshī de diànhuà hàomǎ ma?

애니
我知道，她的办公室电话是64752018。
Wǒ zhīdào, tā de bàngōngshì diànhuà shì liù-sì-qī-wǔ-èr-líng-yāo-bā.

제프
我给老师打电话。
Wǒ gěi lǎoshī dǎ diànhuà.

(제프가 톈 선생님께 전화를 건다)

애니
田老师在吗？
Tián lǎoshī zài ma?

제프
她不在。
Tā bú zài.

★ 톈 선생님의 사무실 전화번호는 몇 번입니까?

 새 단어

MP3 09-04

作业 zuòyè 명 숙제 | 个 ge 양 개 | 问题 wèntí 명 질문, 문제 | 懂 dǒng 동 알다, 이해하다 | 问 wèn 동 묻다 | 知道 zhīdào 동 알다, 이해하다, 깨닫다 | 电话 diànhuà 명 전화 | 号码 hàomǎ 명 번호 | 办公室 bàngōngshì 명 사무실 | 给 gěi 개 ~을 위하여 동 주다 | 打 dǎ 동 (전화를) 걸다

대화3 **제프의 생일 초대**

MP3 09-05

今天杰夫给我打了一个电话，说明天是他的生日。
Jīntiān Jiéfū gěi wǒ dǎ le yí ge diànhuà,　shuō míngtiān shì tā de shēngrì.

我要给他买一件礼物，祝他生日快乐。
Wǒ yào gěi tā mǎi yí jiàn lǐwù,　zhù tā shēngrì kuàilè.

★ 제프의 생일은 언제입니까?

새단어

MP3 09-06

说 shuō 동 말하다, 이야기하다, 설명하다 | 件 jiàn 양 건(일, 사건) | 礼物 lǐwù 명 선물 | 祝 zhù
동 축하하다, 축복하다 | 快乐 kuàilè 형 즐겁다, 유쾌하다

1. 喂，是王平吗? 여보세요, 왕핑인가요?

喂는 전화로 통화할 때 '여보세요'라는 뜻의 표현입니다. 원래 발음은 wèi이지만, 전화 통화를 할 때는 wéi로도 말합니다.

예 喂，王平在吗? 여보세요, 왕핑 있습니까?
　 喂，您好! 여보세요, 안녕하세요!

2. 你看看。 네가 좀 봐봐.

동사를 중첩하면 동작 시간이 짧거나 그 동작을 비교적 가볍고 편한 마음으로 한다는 의미를 내포하며, 때에 따라서는 '한번 시도해 보다'라는 뜻도 나타냅니다.

AA식	看 ─ 看看 좀 보다	玩 ─ 玩玩 좀 놀다
ABAB식	休息 ─ 休息休息 좀 쉬다	介绍 ─ 介绍介绍 소개 좀 하다
AAB식	散步 ─ 散散步 산책 좀 하다	睡觉 ─ 睡睡觉 잠 좀 자다

단음절 동사는 그대로 두 번 반복해서 말하고, 2음절 동사(AB)는 ABAB나 AAB 형식으로 중첩합니다. 중첩한 동사는 수식하는 말이나 부사어로 쓰일 수 없습니다.

3. 她的办公室电话是 64752018。

그녀의 사무실 전화번호는 64752018이야.

전화번호, 방 번호, 버스 번호 등 번호를 읽을 때는 각각의 숫자를 그대로 읽으면 됩니다. 다만 번호에 쓰인 1은 대부분 yāo라고 읽습니다.

- 예 162750102
  yāo liù èr qī wǔ líng yāo líng èr

  103 房间
  yāo líng sān fángjiān

  311 路公交车
  sān yāo yāo lù gōngjiāochē

4. 祝他生日快乐。 그의 생일을 축하합니다.

祝는 다른 사람을 축복할 때 쓰는 일반적인 단어입니다. 祝 뒤에 축하할 내용을 언급하면 됩니다.

- 예 祝你生日快乐!
  당신의 생일을 축하합니다!

  祝您身体健康!
  당신의 건강을 기원합니다!

  祝你新年快乐!
  새해 복 많이 받으세요!

예문을 보고 새로운 단어를 넣어 말해 봅시다.

MP3 09-07

01 你问问 老师。

너 선생님께 좀 물어봐.

❶ 看看　　那本书

❷ 说说　　这件事

❸ 打打　　这个电话

MP3 09-08

02 今天杰夫给我打了一个电话。

오늘 제프가 나에게 전화를 했습니다.

❶ 他　　　买　　一件礼物

❷ 安妮　　写*　　一张*卡*

❸ 田老师　上　　口语课

写 xiě 통 쓰다 | 张 zhāng 양 장(넓은 평면을 가진 것) | 卡 kǎ 명 카드

MP3 09-09

03

A 明天晚上你有时间吗？ A: 내일 저녁에 너 시간 있니?

B 有。 B: 있어.

❶

明天上午，没有

❷

星期六晚上六点，有

MP3 09-10

04

A 你知道田老师的电话号码吗？ A: 너 톈 선생님 전화번호 아니?

B 我知道。 B: 알아.

❶

301

王平的房间*号码

❷

留学生宿舍在哪儿

房间 fángjiān 图 방

시 낭독하기, 춘망

春望 Chūn Wàng

杜甫 Dù Fǔ

国破山河在，　城春草木深。
Guó pò shān hé zài,　chéng chūn cǎo mù shēn.

感时花溅泪，　恨别鸟惊心。
Gǎn shí huā jiàn lèi,　hèn bié niǎo jīng xīn.

烽火连三月，　家书抵万金。
Fēng huǒ lián sān yuè,　jiā shū dǐ wàn jīn.

白头搔更短，　浑欲不胜簪。
Bái tóu sāo gèng duǎn,　hún yù bú shèng zān.

해석　봄을 바라보며

두보

나라는 무너져도 산천은 그대로 있고, 성에는 봄이 와서 초목이 우거졌네.

시국을 슬퍼하며 꽃을 보고도 눈물을 흘리고, 이별을 아파하며 새소리에도 마음이 놀라네.

봉화에 오른 불은 석 달이나 이어지니, 집에서 부친 글은 만금이나 나가네.

흰머리 긁을수록 더욱 짧아지는 것이, 전혀 비녀를 꽂지도 못할 듯하네.

단어　国 guó 나라 | 破 pò 파괴되다 | 感 gǎn 탄식하다 | 时 shí 시대, 당대 | 浑 hún 정말로 | 不胜 bú shèng 이기지 못하다 | 簪 zān 비녀

culture

작품 해설

이 시는 생기로 가득해야 할 봄날이 전란으로 황폐하고 처참해진 것을 대비적으로 묘사하며, 나라의 흥망성쇠에 대한 마음을 표현하고 있다. 또 뒤의 네 구는 가족과 나라를 걱정하며 비탄에 젖은 감정이 잘 드러나 있다. 특히 나라에 대한 걱정으로 비녀마저 꽂지 못할 만큼 머리가 빠졌다는 부분에서 시인의 우국충정을 엿볼 수 있다.

작가 소개

두보(杜甫 Dù Fǔ, 712-770)는 중국 최고의 시인으로 시성(诗圣)이라 불리며 1,500여 수가 전해지고 있다. 그는 초년이 가난하지만 평안하여서 이때는 낭만적인 시를 주로 지었다. 그러나 정치적 포부를 펼치고자 장안(长安, 당시 당나라의 수도)으로 올라와 지내는 동안 당나라는 쇠락의 길에 접어들었고, 사회는 급격한 혼란을 겪기 시작했다. 이때부터 그는 장편의 사회시를 통해 통치계급의 잔혹함과 백성에 대한 동정심을 표현하였다. 그는 당시의 엄격한 시형에도 복잡한 감정을 세밀하게 노래하여 중국 최고의 시인으로 칭송받고 있으며, 시선(诗仙) 이백(李白)과 함께 '이두(李杜)'로 불린다. 대표 작품으로 《북정(北征)》, 《추흥(秋兴)》 등이 있다.

毛遂自荐。

스스로 자기를 추천하다.

스스로 확인

☐☐	作业
☐☐	问题
☐☐	懂
☐☐	知道
☐☐	电话
☐☐	号码
☐☐	打
☐☐	喂
☐☐	晚上
☐☐	时间
☐☐	事
☐☐	住
☐☐	说
☐☐	礼物
☐☐	快乐

함께 토론

请根据朋友的生日信息，表演给朋友打电话。

생일을 주제로 친구에게 전화해 봅시다.

她病了。

그녀는 병이 났어요.

⭐**1** 발음과 억양에 유의하여 따라 읽어 봅시다. MP3 10-00

⭐**2** 현지인의 일상 대화 속도로 따라 읽어 봅시다.

⭐**1** ⭐**2**

01 Nǐ zěnme le?
你怎么了?

02 Ānnī jīntiān bù néng lái shàngkè le.
安妮今天不能来上课了。

03 Duìbuqǐ, wǒ lái wǎn le.
对不起，我来晚了。

04 Nǐ zěnme cái lái?
你怎么才来?

05 Wǒ xiǎng qǐng bàntiān jià.
我想请半天假。

대화1 애니가 리사에게 조퇴 신청을 부탁한다.　　　　MP3 10-01

리사
安妮，你怎么了？
Ānnī,　　nǐ zěnme le?

애니
我头很疼。
Wǒ tóu hěn téng.

리사
感冒了吗？
Gǎnmào le ma?

애니
对。我想回房间休息，你告诉老师，好吗？
Duì.　 Wǒ xiǎng huí fángjiān xiūxi, nǐ gàosu lǎoshī, hǎo ma?

리사
好。
Hǎo.

★ 애니는 왜 조퇴하려고 합니까?

 새단어

MP3 10-02　　怎么 zěnme 때 어떻게, 어째서, 왜 | 头 tóu 명 머리 | 疼 téng 형 아프다 | 感冒 gǎnmào 명
동 감기(에 걸리다) | 想 xiǎng 조동 ~하고 싶다 동 생각하다 | 回 huí 동 돌아오다, 돌아가다 | 房间
fángjiān 명 방 | 休息 xiūxi 동 쉬다, 휴식하다 | 告诉 gàosu 동 알리다

대화 2 리사가 톈 선생님께 애니의 상태를 전한다.

MP3 10-03

리사
老师，安妮今天不能来上课了。
Lǎoshī, Ānnī jīntiān bù néng lái shàngkè le.

톈 선생님
她怎么了？
Tā zěnme le?

리사
她病了，感冒了。
Tā bìng le, gǎnmào le.

톈 선생님
我知道了。
Wǒ zhīdào le.

(제프가 노크를 하며 들어온다)

톈 선생님
请进！
Qǐng jìn!

제프
对不起，我来晚了。
Duìbuqǐ, wǒ lái wǎn le.

★ 애니의 몸 상태는 어떻습니까?

 새 단어

MP3 10-04

能 néng 조동 ~할 수 있다 | 来 lái 동 오다 | 病 bìng 명동 병(나다) | 请 qǐng 동 ~하세요, 요청하다 | 进 jìn 동 (바깥에서 안으로) 들다 | 对不起 duìbuqǐ 동 미안합니다 | 晚 wǎn 형 (일정한 시간보다) 늦다

대화3 제프가 수업에 지각했다. MP3 10-05

리사 你怎么才来?
Nǐ zěnme cái lái?

제프 我的闹钟睡觉了，
Wǒ de nàozhōng shuìjiào le,

我八点一刻才起床，所以……。
wǒ bā diǎn yí kè cái qǐchuáng, suǒyǐ……。

리사 什么? 闹钟睡觉?
Shénme? Nàozhōng shuìjiào?

我知道了，你的闹钟停了。
Wǒ zhīdào le, nǐ de nàozhōng tíng le.

톈 선생님 你们有问题吗?
Nǐmen yǒu wèntí ma?

제프 没有，没有，对不起。
Méiyǒu, méiyǒu, duìbuqǐ.

★ 제프는 왜 수업에 늦었습니까?

 새 단어

MP3 10-06 才 cái 튄 (어느 상황이나 시점에야) 비로소 | 闹钟 nàozhōng 몡 자명종 | 睡觉 툉 shuìjiào 자다 | 刻 kè 맹 15분 | 起床 qǐchuáng 툉 일어나다, 기상하다 | 所以 suǒyǐ 젭 그래서, 그런 까닭에 | 停 tíng 툉 멈추다, 정지하다

대화4 리사의 휴강 신청

MP3 10-07

田老师，明天我有事，要去大使馆，
Tián lǎoshī, míngtiān wǒ yǒu shì, yào qù dàshǐguǎn,

不能来上课，我想请半天假。
bù néng lái shàngkè, wǒ xiǎng qǐng bàntiān jià.

★ 리사는 왜 휴가를 신청했습니까?

MP3 10-08 　去 qù 동 가다 | 大使馆 dàshǐguǎn 명 대사관 | 请假 qǐngjià 동 휴가를 내다 | 天 tiān 명 하루, 날

10 她病了。 115

1. 你怎么了? 너 어떻게 된 거야?

怎么는 '어떻게'라는 뜻으로 성질·방법·원인을 물어볼 때 사용하는 의문대명사입니다. 본문에서 怎么了는 상황의 변화를 물어보는 표현으로 쓰였습니다.

[변화] A 他怎么了? 그는 어떻게 된 겁니까?
　　　 B 他病了。 그는 병에 걸렸어요.

[방식] A 你怎么来的? 당신은 어떻게 왔습니까?
　　　 B 坐飞机来的。 비행기를 타고 왔습니다.

[이유] A 他怎么没来? 그는 왜 안 옵니까?
　　　 B 他今天有事。 그는 오늘 일이 있습니다.

2. 安妮今天不能来上课了。 애니는 오늘 수업에 못 오게 되었어요.

了는 문장 끝에서 변화나 새로운 상황의 발생을 나타내는 어기조사입니다. 동사의 바로 뒤에 쓰이는 了와는 달리, 문장 전체의 어기를 담당하는 조사입니다.

예 她感冒了。 그녀는 감기에 걸렸다.
　 天气冷了。 날씨가 추워졌다.

3. 你怎么才来? 너 어째서 이제서야 오니?

부사 才는 일의 발생이나 동작이 너무 늦었음을 나타냅니다.

> 예 **他夜里两点才睡觉。** 그는 새벽 2시가 되어서야 잠을 잔다.
>
> **他一个星期以后才能到。** 그는 일주일 뒤에나 도착할 수 있다.

4. 我想请半天假。 저는 반나절 휴가를 내고 싶습니다.

중국어의 동사 중에는 이합사의 성질을 가진 단어가 있습니다. 이합사란 분리하거나[离] 합할[合] 수 있는 동사[词]로, 동사와 목적어 역할을 하는 낱글자가 결합해 만들어지며, 본문의 请假가 그러한 예입니다. 이합사에는 이미 목적어 역할을 하는 부분이 있기 때문에 뒤에 목적어를 덧붙일 수 없습니다.

> 예 (X) **请假他。** → **跟他请假。** 그에게 휴가를 내다.

이합사 사이에 부가적인 성분을 덧붙여 표현할 수도 있습니다.

> 예 **请一天假。** 하루 휴가를 내다.

Tip

여러 가지 이합사

帮忙 bāngmáng 돕다	**毕业** bìyè 졸업하다	**见面** jiànmiàn 만나다
理发 lǐfà 이발하다	**留学** liúxué 유학하다	**请客** qǐngkè 한턱내다
上课 shàngkè 수업하다	**睡觉** shuìjiào 잠자다	**洗澡** xǐzǎo 씻다

예문을 보고 새로운 단어를 넣어 말해 봅시다.

MP3 10-09

01 你怎么才<u>来</u>?

너 어째서 이제서야 오니?

❶ 睡觉

❷ 去上课

❸ 请假

MP3 10-10

02 我<u>八点一刻才起床</u>，所以<u>来晚了</u>。

나는 8시 15분이 되어서야 일어나서, 그래서 늦게 왔어.

❶ 感冒了　　　　请了一天假

❷ 病了　　　　　不能来上课了

❸ 不懂这个问题　打电话问问老师

03

MP3 10-11

A 你怎么了?　　　　　　　A: 너 어떻게 된 거야?

B 我<u>头</u>很疼。　　　　　　B: 나 머리가 많이 아파.

❶

肚子*

❷

嗓子*

❸

腿*

肚子 dùzi 명 배 | 嗓子 sǎngzi 명 목구멍, 인후 | 腿 tuǐ 명 다리

04

MP3 10-12

A 老师，我想请<u>半天</u>假。　A: 선생님, 저는 반나절 휴가를 내고 싶어요.

B 我知道了。　　　　　　　B: 알았어요.

❶

3 4 5 6 7 8 9

两天

❷

3 4 5 6 7 8 9

一个星期

❸

半个月*

月 yuè 명 월, 달

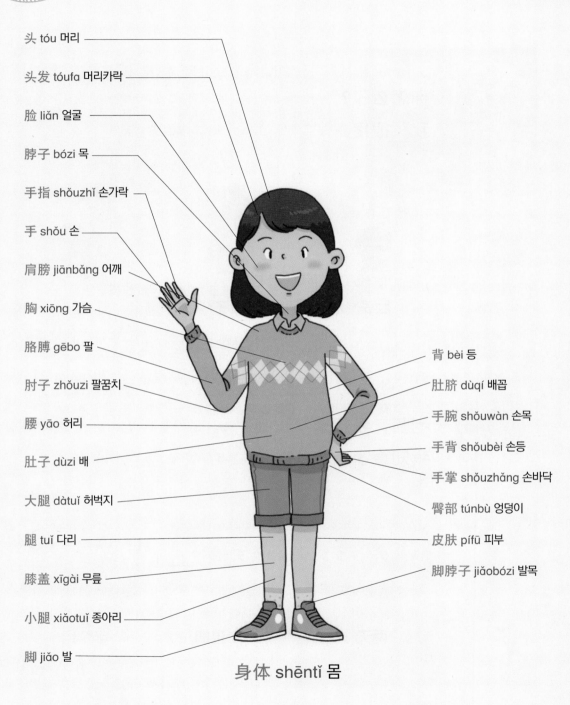

头 tóu 머리

头发 tóufa 머리카락

脸 liǎn 얼굴

脖子 bózi 목

手指 shǒuzhǐ 손가락

手 shǒu 손

肩膀 jiānbǎng 어깨

胸 xiōng 가슴

胳膊 gēbo 팔

肘子 zhǒuzi 팔꿈치

腰 yāo 허리

肚子 dùzi 배

大腿 dàtuǐ 허벅지

腿 tuǐ 다리

膝盖 xīgài 무릎

小腿 xiǎotuǐ 종아리

脚 jiǎo 발

背 bèi 등

肚脐 dùqí 배꼽

手腕 shǒuwàn 손목

手背 shǒubèi 손등

手掌 shǒuzhǎng 손바닥

臀部 túnbù 엉덩이

皮肤 pífū 피부

脚脖子 jiǎobózi 발목

身体 shēntǐ 몸

words

眉毛	méimao	눈썹
眉心	méixīn	미간
额头	étou	이마
双眼皮	shuāngyǎnpí	쌍꺼풀
眼睫毛	yǎnjiémáo	속눈썹
眼睛	yǎnjing	눈
耳朵	ěrduo	귀
鼻子	bízi	코
鼻孔	bíkǒng	콧구멍
脸颊	liǎnjiá	볼
酒涡	jiǔwō	보조개
牙齿	yáchǐ	이
嘴	zuǐ	입
嘴唇	zuǐchún	입술
下巴	xiàba	턱

□□ 怎么

□□ 感冒

□□ 想

□□ 房间

□□ 休息

□□ 告诉

□□ 能

□□ 病

□□ 闹钟

□□ 睡觉

□□ 起床

□□ 所以

□□ 停

□□ 去

□□ 请假

함께 토론

两个人一组,
请表演一下请假的情形。

破釜沉舟。

결사의 각오로 임하다.

휴가신청 역할극을
해 봅시다.

我喜欢喝茶。

나는 차 마시는 것을 좋아해.

학습 목표

- ✔ 좋아하는 것을 묻고 답할 수 있다.
- ✔ 가능을 표현할 수 있다.
- ✔ 선택 질문을 할 수 있다.

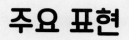

⭐1 발음과 억양에 유의하여 따라 읽어 봅시다.　　　🎧MP3 11-00

⭐2 현지인의 일상 대화 속도로 따라 읽어 봅시다.

⭐1 ⭐2

01 Nǐ xǐhuan chī shénme?

你喜欢吃什么?

02 Bàn jīn jiǎozi yǒu duōshao ge?

半斤饺子有多少个?

03 Zhè pútao suān bu suān?

这葡萄酸不酸?

04 Kěyǐ chángchang ma?

可以尝尝吗?

05 Piányi yìdiǎnr ba.

便宜一点儿吧。

본문 대화

 대화1 제프와 애니가 좋아하는 음식에 대해 이야기한다. ◀MP3▶ 11-01

제프
你喜欢吃什么?
Nǐ xǐhuan chī shénme?

애니
我喜欢吃馒头,你呢?
Wǒ xǐhuan chī mántou, nǐ ne?

제프
我喜欢饺子。我要半斤饺子。
Wǒ xǐhuan jiǎozi. Wǒ yào bàn jīn jiǎozi.

애니
半斤饺子有多少个?
Bàn jīn jiǎozi yǒu duōshao ge?

제프
大概三十个。
Dàgài sānshí ge.

애니
你能吃完吗?
Nǐ néng chī wán ma?

제프
没问题。这儿的饺子很好吃。
Méi wèntí. Zhèr de jiǎozi hěn hǎochī.

★ 애니는 어떤 음식을 좋아합니까?

 새 단어

◀MP3▶ 11-02 　吃 chī 통 먹다 | 馒头 mántou 명 중국식 찐빵 | 饺子 jiǎozi 명 교자만두 | 斤 jīn 양 근(무게 단위) | 大概 dàgài 부 대강, 대충 형 대강의 | 完 wán 통 완성하다, 끝마치다 | 没 méi 부 아니다 통 없다 | 好吃 hǎochī 형 맛있다

대화 2   애니가 가게에서 포도를 산다.

MP3 11-03

애니
这葡萄酸不酸？
Zhè pútao suān bu suān?

판매원
不酸，甜的。
Bù suān, tián de.

애니
可以尝尝吗？
Kěyǐ chángchang ma?

판매원
可以， 尝吧，不甜不要钱。
Kěyǐ,   cháng ba, bù tián bú yào qián.

애니
(포도를 맛보며) 很甜！多少钱一斤？
                Hěn tián! Duōshao qián yì jīn?

판매원
四块五。
Sì kuài wǔ.

애니
便宜一点儿吧。
Piányi yìdiǎnr ba.

판매원
对不起，我们这儿不能讲价。
Duìbuqǐ,   wǒmen zhèr bù néng jiǎngjià.

애니
好吧，我买一斤。
Hǎo ba,   wǒ mǎi yì jīn.

★ 포도는 한 근에 얼마입니까?

새 단어

MP3 11-04

葡萄 pútao 명 포도 | 酸 suān 형 (맛이) 시다 | 甜 tián 형 (맛이) 달다 | 可以 kěyǐ 조동 ~해도 좋다(허가), ~할 수 있다(가능) | 尝 cháng 동 맛보다 | 便宜 piányi 형 (값이) 싸다 | 一点儿 yìdiǎnr 수량 조금 | 讲价 jiǎngjià 동 값을 흥정하다

11 我喜欢喝茶。 125

피터의 숙소에 친구들이 방문했다. (MP3) 11-05

제프
王平，你也在这儿！
Wáng Píng, nǐ yě zài zhèr!

왕핑
是你们！
Shì nǐmen!

피터
欢迎！欢迎！请坐！
Huānyíng! Huānyíng! Qǐng zuò!

애니
杰夫，你坐那儿，我坐这儿。
Jiéfū, nǐ zuò nàr, wǒ zuò zhèr.

피터
你们喝什么？茶还是咖啡？
Nǐmen hē shénme? Chá háishi kāfēi?

제프
咖啡，我喜欢咖啡。
Kāfēi, wǒ xǐhuan kāfēi.

왕핑
安妮，你也喜欢喝咖啡，对吧？
Ānnī, nǐ yě xǐhuan hē kāfēi, duì ba?

애니
不，以前我喜欢喝咖啡。
Bù, yǐqián wǒ xǐhuan hē kāfēi.

现在我喜欢喝茶！
Xiànzài wǒ xǐhuan hē chá!

★ 제프는 어떤 음료를 마시려고 합니까?

 새 단어

(MP3) 11-06

欢迎 huānyíng 통 환영하다 | 坐 zuò 통 앉다 | 喝 hē 통 마시다 | 茶 chá 명 차 | 还是 háishi
접 또는, 아니면 부 여전히 | 咖啡 kāfēi 명 커피 | 以前 yǐqián 명 그전

대화 4 **애니와 중국차**

MP3 11-07

在美国，我喜欢喝咖啡，来中国以后，习惯了喝茶。
Zài Měiguó, wǒ xǐhuan hē kāfēi, lái Zhōngguó yǐhòu, xíguàn le hē chá.

现在我很喜欢中国茶。
Xiànzài wǒ hěn xǐhuan Zhōngguóchá.

★ 애니는 언제부터 중국차를 좋아했습니까?

새 단어

以后 yǐhòu 명 이후 | 习惯 xíguàn 명 동 습관(이 되다)

1. 我要半斤饺子。 만두 반 근 주세요.

斤은 무게 단위를 나타내는 말로, 500그램을 가리킵니다. 킬로그램인 公斤 gōngjīn, 그램인 克 kè라는 무게 단위도 자주 사용합니다. 또 两 liǎng이라는 단위도 자주 쓰는데, 이는 1/10斤에 해당하는 무게를 말합니다.

- 1公斤 = 2斤 = 20两 = 1000克   1킬로그램=2근=20냥=1000그램
  我要三斤。 세 근 주세요.

2. 没问题。 문제없어.

没问题는 没(有)와 问题가 결합해 이루어진 관용어로, 원래 뜻은 '아무런 문제가 없다'는 뜻입니다. 그러나 일반적으로는 상대방의 부탁 등을 흔쾌히 받아들일 때 관용적으로 쓰입니다.

- 他一个人去没问题。 그 혼자 가도 아무 문제없다.

- A 这件事请你帮个忙，行吗? 이번 일은 네가 좀 도와줘. 그럴 수 있지?
  B 没问题。 문제없다.

3. 这葡萄酸不酸? 이 포도는 십니까?

형용사 혹은 동사의 긍정형과 부정형이 나열된 형태의 의문문을 정반의문문이라고 합니다. 문장 끝에 吗를 쓰는 의문문과 중복해서 쓰지 않습니다.

- 我们一起走，好不好? 우리 함께 가자, 좋아?
  他来没来? 그는 왔니?

  (X) 这葡萄酸不酸吗?

4. 可以尝尝吗？ 맛 좀 봐도 되나요？

조동사 可以는 '할 수 있다'는 가능성이나 '해도 된다'는 허가를 나타내기도 합니다. 불가능을 나타낼 때는 不可以가 아니라 不能으로, 불허를 나타낼 때는 不行으로 표현합니다.

> 예 A 你可以做完吗？ 다 할 수 있니？
> B 我不能做完。 난 다 못하겠어.
>
> A 我可以进去吗？ 들어가도 되니？
> B 不行。 안 돼.

이에 반해 能은 어떤 능력이나 조건이 되어 가능한 것을 표현하는 조동사로, 객관적인 가능성을 나타낸다는 점에서 可以와 다릅니다.

> 예 这么晚他还能来吗？ 이렇게 늦었는데, 그가 올 수 있겠니？

5. 茶还是咖啡？ 차 아니면 커피？

还是는 두 가지 중 하나를 선택하는 방식의 의문문을 구성하는 데 사용하는 접속사입니다. 还是 앞뒤로는 같은 품사의 단어나 같은 구조의 구를 써야 합니다.

> 예 今天去还是明天去？ 오늘 가니 아니면 내일 가니？
> 上口语课还是听力课？ 회화 수업을 듣니 아니면 듣기 수업을 듣니？

교체 연습

예문을 보고 새로운 단어를 넣어 말해 봅시다.

MP3 11-09

01 你喜欢<u>吃</u>什么<u>菜</u>?

너는 어떤 음식 먹는 것을 좋아하니?

❶ 看　　书

❷ 去　　地方

❸ 上　　课

MP3 11-10

02 <u>这葡萄</u>酸不酸?

이 포도는 십니까?

❶ 饺子　好吃

❷ 头　　疼

❸ 咖啡　甜

MP3 11-11

03

A 你能<u>吃完</u>吗?

B 没问题。

A: 너 다 먹을 수 있어?

B: 문제없어.

❶

写完作业

❷

去上课

MP3 11-12

04

A 你<u>喜欢茶</u>还是<u>咖啡</u>?

B 我<u>喜欢咖啡</u>。

A: 너는 차를 좋아하니, 커피를 좋아하니?

B: 나는 커피를 좋아해.

❶

买蓝的，(买)黑的

❷

吃馒头，(吃)饺子

플러스 문화

차 마시기

중국인에게 차는 생활 그 자체이다. 가정에 손님이 방문하면 반드시 차를 내놓고 음식점에서도 차는 기본으로 제공하며 심지어 호텔에도 전기 주전자나 보온병을 반드시 갖추고 있다. 과거에는 음료가 아닌 약으로 인식되던 차가 중국을 대표하는 음료로 자리잡게 된 것은 음식과 관련이 있

다. 차가 중국 음식에 많이 들어 있는 기름 성분을 체내에서 중화시켜 주기 때문이다. 이렇게 차는 건강에 좋을 뿐 아니라 다이어트에도 효과가 있다고 알려지면서 전 세계적으로 차를 마시는 사람이 늘고 있다.

차 마시기

❶ 끓인 물로 찻잔을 덥힌 후 비워 냅니다.

❷ 찻주전자에 차와 물이 1:20의 비율이 되도록 찻잎과 뜨거운 물을 붓습니다.

❸ 약 3분 후 차를 잔에 따릅니다.

❹ 차의 색을 감상하고, 향을 즐깁니다.

일반적으로 북방인들은 향이 강한 화차(花茶)나 홍차(红茶)를, 양쯔강 이남 사람들은 녹차(绿茶)를 선호하고, 서남 사람들은 맛이 진한 푸얼차(普洱茶)를, 푸젠, 광둥, 타이완 지역 사람들은 우롱차(乌龙茶)를 선호한다. 차는 발효 정도와 색에 따라 다음과 같이 나눌 수 있다.

녹차

녹차(绿茶 lǜchá)는 발효를 하지 않아 찻잎이 녹색인 차를 말한다. 항저우의 롱징차(龙井茶), 장쑤의 비취춘(碧螺春) 등이 유명하다.

백차

백차(白茶 báichá)는 살짝 발효시킨 뒤 햇빛에 말려 만든 차로, 찻잎이 하얀 빛을 띠어 백차라고 한다. 찻물은 연하며 향이 맑다.

culture

청차

청차(清茶 qīngchá)는 대표적인 반발효차로, 녹차의 산뜻함과 홍차의 깊은 맛이 어우러져 많은 이들의 사랑을 받고 있다. 톄관인(铁观音), 둥팅우롱차(洞庭乌龙茶) 등이 유명하다.

홍차

중국인뿐만 아니라 전 세계인들이 즐겨 마시는 홍차(红茶 hóngchá)는 대표적인 발효차로, 찻잎과 찻물이 모두 붉은 색이라서 홍차라고 한다. 치먼홍차(祁门红茶)가 유명하다.

흑차

흑차(黑茶, hēichá)는 찻물이 짙은 갈색이 나고 특이한 곰팡이 냄새가 나는데, 이는 찻잎을 건조하기 전에 다시 한 번 발효시키면서 생긴 특징이다. 발효 기간이 길수록 맛이 부드러워 대개 20년 이상 숙성시킨 것을 좋게 여긴다. 푸얼차(普洱茶)가 유명하다.

望子成龙。

아들이 훌륭한 인물이 되기를 바라다.

 스스로 확인

- ☐☐ 吃
- ☐☐ 大概
- ☐☐ 甜
- ☐☐ 好吃
- ☐☐ 葡萄
- ☐☐ 酸
- ☐☐ 可以
- ☐☐ 尝
- ☐☐ 一点儿
- ☐☐ 讲价
- ☐☐ 欢迎
- ☐☐ 坐
- ☐☐ 喝
- ☐☐ 还是
- ☐☐ 习惯

 함께 토론

两个人一组，说说自己喜欢什么，不喜欢什么。

기호에 대해 이야기 해 봅시다.

你干什么呢?

너 뭐 하고 있니?

학습 목표

✓ 동작의 진행을 표현할 수 있다.
✓ 불만의 어기를 표현할 수 있다.

⭐1 발음과 억양에 유의하여 따라 읽어 봅시다.　　　　　MP3 12-00

⭐2 현지인의 일상 대화 속도로 따라 읽어 봅시다.

⭐1 ⭐2

01 Nǐ zěnme le? Hǎoxiàng bú tài gāoxìng?

你怎么了? 好像不太高兴?

02 Wǒ yǒudiǎnr xiǎng jiā.

我有点儿想家。

03 Tīng yíhuìr yīnyuè zěnmeyàng?

听一会儿音乐怎么样?

04 Nǐ gàn shénme ne?

你干什么呢?

05 Nǐ tīng zhe yīnyuè, néng zuò hǎo zuòyè ma?

你听着音乐，能做好作业吗?

본문 대화

 제프가 애니를 위로한다.

MP3 12-01

제프
安妮在吗?
Ānnī zài ma?

애니
门开着,请进!杰夫,是你,请坐。
Mén kāi zhe, qǐng jìn! Jiéfū, shì nǐ, qǐng zuò.

제프
谢谢!你怎么了?好像不太高兴?
Xièxie! Nǐ zěnme le? Hǎoxiàng bú tài gāoxìng?

애니
我有点儿想家。
Wǒ yǒudiǎnr xiǎng jiā.

제프
想家了?听一会儿音乐怎么样?
Xiǎng jiā le? Tīng yíhuìr yīnyuè zěnmeyàng?

애니
好,咱们听着音乐聊聊天儿吧。
Hǎo, zánmen tīng zhe yīnyuè liáoliao tiānr ba.

★ 애니는 왜 기분이 좋지 않습니까?

MP3 12-02

好像 hǎoxiàng 🗒 마치 ~같다 | 不太 bú tài 그다지 ~하지 않다 | 高兴 gāoxìng 🗒 기쁘다, 유쾌하다, 즐겁다 | 有点儿 yǒudiǎnr 🗒 조금, 약간 | 想 xiǎng 🗒 그리워하다 | 家 jiā 🗒 가정, 집 | 听 tīng 🗒 듣다 | 一会儿 yíhuìr 🗒 잠시, 잠깐 동안 | 音乐 yīnyuè 🗒 음악 | 咱们 zánmen 🗒 우리(들) | 着 zhe 🗒 ~하고 있다, ~하는 중이다 | 聊天儿 liáotiānr 🗒 잡담하다

대화 2 애니의 향수병

MP3 12-03

昨天是星期天，我去了安妮的宿舍。
Zuótiān shì xīngqītiān, wǒ qù le Ānnī de sùshè.

我看她有点儿不高兴，问她为什么，她说想家了。
Wǒ kàn tā yǒudiǎnr bù gāoxìng, wèn tā wèi shénme, tā shuō xiǎng jiā le.

我说，听一会儿音乐吧。
Wǒ shuō, tīng yíhuìr yīnyuè ba.

我们听着音乐聊了一会儿天儿，都很高兴。
Wǒmen tīng zhe yīnyuè liáo le yíhuìr tiānr,　dōu hěn gāoxìng.

★ 제프는 애니에게 무엇을 제안했습니까?

MP3 12-04 昨天 zuótiān 명 어제 | 星期天 xīngqītiān 명 일요일 | 为什么 wèi shénme 왜, 어째서

대화3 리사와 제프가 습관에 대해 이야기한다. MP3 12-05

리사
杰夫！杰夫！
Jiéfū!　Jiéfū!

제프
谁啊？进来！
Shéi a?　Jìnlái!

리사
你干什么呢？
Nǐ gàn shénme ne?

제프
做作业呢！老师说明天要听写生词。
Zuò zuòyè ne!　Lǎoshī shuō míngtiān yào tīngxiě shēngcí.

리사
你听着音乐，能做好作业吗？
Nǐ tīng zhe yīnyuè, néng zuò hǎo zuòyè ma?

제프
当然可以。
Dāngrán kěyǐ.

리사
真的吗？我问你一个问题，你能回答对吗？
Zhēn de ma?　Wǒ wèn nǐ yí ge wèntí,　nǐ néng huídá duì ma?

제프
没问题，你问吧！
Méi wèntí,　nǐ wèn ba!

★ 제프는 지금 무엇을 하고 있습니까?

 새 단어

MP3 12-06 啊 a 區 아(감탄) | 进来 jìnlái 墮 들어오다 | 干 gàn 墮 (일을) 하다 | 做 zuò 墮 하다, 일하다, 만들다 | 听写 tīngxiě 圀墮 받아쓰기(를 하다) | 生词 shēngcí 圀 새 단어 | 当然 dāngrán 閠 당연히 圀 물론이다 | 真 zhēn 圀 진실하다, 참되다, 사실이다 | 回答 huídá 墮 대답하다, 회답하다

대화4 **제프의 공부 습관**

MP3 12-07

我有一个习惯，我喜欢听着音乐做作业。
Wǒ yǒu yí ge xíguàn, wǒ xǐhuan tīng zhe yīnyuè zuò zuòyè.

朋友说，这个习惯不太好，
Péngyou shuō, zhège xíguàn bú tài hǎo,

可是我觉得没有问题。
kěshì wǒ juéde méiyǒu wèntí.

★ 제프의 공부 습관은 무엇입니까?

새단어

MP3 12-08　朋友 péngyou 몡 친구 | 可是 kěshì 젭 그러나, 하지만 | 觉得 juéde 통 ~라고 느끼다

1. 我有点儿想家。 나 집이 좀 그리워.

부사 有点儿은 형용사나 일부 동사의 앞에 쓰여 그 정도가 크지 않음을 표현합니다. 주로 뜻대로 되지 않아 여의치 않을 경우에 쓰이므로, 有点儿과 함께 쓰인 형용사나 동사는 대부분 소극적이거나 부정적인 의미를 담고 있습니다.

예 汉字有点儿难。 한자는 좀 어렵다.

这件衣服有点儿贵。 이 옷은 좀 비싸다.

2. 咱们 우리

咱们과 我们은 모두 '우리'라는 뜻의 대명사입니다. 咱们은 말하는 사람과 상대방을 모두 포함하는 반면, 我们은 말하는 사람 모두를 포함하지만 말을 듣는 사람은 포함하지 않습니다.

예 A 你们去哪儿? 너희 어디 가니?

B,C 我们去图书馆。咱们一起去，怎么样?

우리는 도서관에 가. 우리 같이 가자, 어때?

A 好! 좋아.

이 문장에서 我们은 B와 C를 가리키며, 咱们은 B와 C는 물론 대화를 듣는 A도 포함하여 가리킵니다.

3. 咱们听着音乐聊聊天儿吧。 우리 음악을 들으면서 이야기하자.

조사 着는 동사 뒤에 쓰여서 상태나 동작이 지속되고 있음을 나타냅니다.

> 예 **他们谈着呢。** 그들은 이야기를 나누고 있다.
> **窗户关着。** 창문이 닫혀 있다.
> **他穿着一件红衣服。** 그는 붉은색 옷을 입고 있다.

동사가 연이어 있는 문장에서는 앞의 동사에 붙어서 두 번째 동작의 방식을 설명하기도 합니다.

> 예 **他喜欢躺着看书。** 그는 누워서 책을 보는 것을 좋아한다.
> **坐着听课。** 앉아서 수업을 듣다.

4. 你干什么呢? 너는 뭐 하고 있니?

어기조사란 문장 끝에 쓰여 문장의 의미를 보충하는 조사로, 그중 呢는 현재 동작이 진행 중이거나 상황이 계속되고 있음을 나타냅니다. 조사 着를 함께 쓰기도 합니다.

> 예 **做作业呢。** 숙제를 하고 있다.
> **他看书呢。** 그는 책을 보고 있다.
> **外边下着雨呢。** 바깥에는 비가 내리고 있다.

5. 真的吗? 정말?

사실 여부를 묻는 것이 아니고, 어떤 사건이나 현상에 대한 의문과 놀라움을 나타냅니다.

> 예 A **我的自行车丢了。** 내 자전거를 잃어버렸어.
> B **真的吗?** 정말?
>
> A **老师说今天有听写。** 선생님께서 오늘 받아쓰기가 있다고 하셨어.
> B **真的?** 정말?

교체 연습

 예문을 보고 새로운 단어를 넣어 말해 봅시다.

MP3 12-09

01 我有点儿想家。

나는 집이 좀 그리워.

❶ 这种车　　　贵*

❷ 这个苹果*　酸

❸ 这件衣服　　大

贵 guì 웹 비싸다 | 苹果 píngguǒ 명 사과

MP3 12-10

02 我们听着音乐 聊天儿。

우리는 음악을 들으면서 이야기합니다.

❶ 喝　　茶　　看电视*

❷ 吃　　糖*　听音乐

❸ 看　　电视　给朋友打电话

电视 diànshì 명 텔레비전 | 糖 táng 명 사탕

MP3 12-11

03

A 你干什么呢?

B 我<u>做作业</u>呢。

A: 너 뭐 하고 있니?

B: 나 숙제하고 있어.

打电话

上课

做菜

MP3 12-12

04

A 你能<u>回答对</u>吗?

B 当然可以。

A: 너 맞게 대답할 수 있니?

B: 당연히 할 수 있지.

做完作业

吃完这碗饭

钢琴家 gāngqínjiā
피아니스트

画家 huàjiā
화가

建筑家 jiànzhùjiā
건축가

军人 jūnrén
군인

警察 jǐngchá
경찰

消防队员 xiāofáng duìyuán
소방대원

厨师 chúshī
요리사

模特儿 mótèr
모델

歌手 gēshǒu
가수

老师 lǎoshī
선생님

医生 yīshēng
의사

护士 hùshi
간호사

words

木工	mùgōng	목수
矿工	kuànggōng	광부
农夫	nóngfū	농부
船长	chuánzhǎng	선장
工程师	gōngchéngshī	엔지니어
机长	jīzhǎng	파일럿
空中小姐	kōngzhōng xiǎojiě	스튜어디스
美容师	měiróngshī	미용사
演员	yǎnyuán	배우
设计师	shèjìshī	디자이너
律师	lǜshī	변호사
记者	jìzhě	기자
运动员	yùndòngyuán	운동선수
服务员	fúwùyuán	종업원

 스스로 확인

- ☐☐ 好像
- ☐☐ 高兴
- ☐☐ 有点儿
- ☐☐ 想
- ☐☐ 家
- ☐☐ 听
- ☐☐ 一会儿
- ☐☐ 聊天儿
- ☐☐ 干
- ☐☐ 生词
- ☐☐ 当然
- ☐☐ 回答
- ☐☐ 朋友
- ☐☐ 可是
- ☐☐ 觉得

 함께 토론

请根据实际情况，介绍一下自己的学习习惯，并说一说有哪些好处，哪些坏处。

공부 습관을 소개해 봅시다!

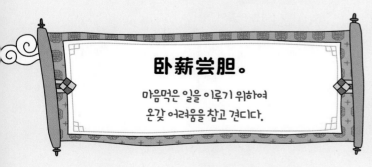

卧薪尝胆。

마음먹은 일을 이루기 위하여
온갖 어려움을 참고 견디다.

본문 해석

UNIT 02   27쪽

05 ① kāfēi, píjiǔ, niúnǎi
   ② shuǐguǒ, xiāngjiāo, miànbāo
   ③ dàxué, cídiǎn, diànhuà
   ④ huār, gàir, wánr

UNIT 03   35쪽

05 ① ＼　＼　＼　／
   ② ＼　／　＼　／
   ③ ＼　／　＼　／
   ④ ／　＼　／　／

06
yī	wǔ	yǔ
yá	wǒ	yuè
yǎn	wā	yuán
yào	wài	yún
yǒu	wèi	jǔ
yīn	wèn	qù
yīng	wàn	xū
yòng	wáng	xuǎn

UNIT 04   40쪽

 대화1

제프 안녕!
애니 안녕!
제프 내 이름은 제프야. 너는 이름이 뭐니?
애니 나는 애니라고 해.

 대화2

텐 선생님 여러분, 안녕하세요! 저는 텐 씨입니다.
애니, 제프 안녕하세요! 텐 선생님!
텐 선생님 당신은 이름이 무엇입니까?
제프 저는 제프라고 합니다.
텐 선생님 당신은요?
애니 저는 애니라고 합니다.

 대화3

왕핑 다들 안녕!
제프, 애니 안녕!
제프 너는 이름이 뭐니?
왕핑 나는 왕핑이라고 해, 중국 사람이야. 너희
는…?
애니 우리는 모두 유학생이야. 나는 애니라고
하고, 쟤는 제프라고 해.

 대화4

나는 제프라고 하고, 그녀는 애니라고 합니다. 우리는
모두 유학생이고, 우리 선생님 성씨는 텐입니다.

UNIT 05   52쪽

 대화1

피터 안녕!
애니 안녕!
피터 너는 이름이 뭐니?
애니 나는 애니라고 해. 너는?
피터 나는 피터라고 해. 너는 어느 나라 사람이니?
애니 나는 미국 사람이야. 너도 미국 사람이니?
피터 아니, 나는 프랑스 사람이야.

애니 제프, 안녕!

제프 안녕, 애니! 그는 누구니?

애니 그는 피터라고 하고, 프랑스 사람이야.

제프 안녕, 피터! 나는 제프라고 해!

피터 안녕! 너는 영국 사람이니?

제프 맞아.

제프 너는 몇 살이니?

피터 나는 19살이야. 너는?

제프 나는 20살이야. 너는 몇 반이니?

피터 1반이야. 너희는?

애니 나는 2반이야.

제프 나도 2반이야.

나는 프랑스 사람이고, 올해 19살입니다. 애니는 미국 사람이고 제프는 영국 사람입니다. 나는 1반이고, 그들은 모두 2반입니다.

UNIT 06 64쪽

애니 리사, 지금 몇 시니?

리사 7시 반이야.

애니 오늘 무슨 요일이지?

리사 화요일이야.

애니 오늘 8시에 나는 수업이 없어.

피터 애니, 내일 수업이 있니?

애니 있어.

피터 몇 시에 수업을 듣니?

애니 오전 8시부터 9시 50분까지 회화 수업을 들어. 너는?

피터 내일 오전에 나는 수업이 없어.

애니 지금 몇 시니?

피터 9시 2분 전이야.

애니 너 곧 수업 들어야 하네, 안녕!

피터 안녕!

오늘은 화요일이고 나는 8시에 수업이 없습니다. 내일은 오전 8시부터 9시 50분까지 회화 수업이 있습니다.

UNIT 07 76쪽

애니 말씀 좀 여쭙겠습니다. 3반 교실이 여기인가요?

박지영 맞습니다. 여기예요.

애니 감사합니다.

박지영 별말씀을요.

야마다 말씀 좀 여쭙겠습니다. 유학생 식당은 어디에 있나요?

피터 저쪽에 있습니다.

야마다 어느 쪽이요?

피터 유학생 기숙사 옆에 있습니다.

야마다 감사합니다.

학생 말씀 좀 여쭙겠습니다. 화장실은 어디에 있나
요?

제프 이 교실 오른쪽에 있어요. 아니다, 저 교실 왼쪽
에 있어요.

학생 고맙습니다!

제프 별말씀을요.

이곳은 우리 학교입니다. 우리 학교는 매우 큽니다.
이곳은 우리가 수업하는 곳이고, 저곳은 유학생 기숙
사입니다. 식당은 기숙사 옆에 있습니다.

UNIT 08 88쪽

종업원 어떤 요리를 드릴까요?

리사 저는 이걸로 주세요. 얼마예요?

종업원 7.5위안입니다.

야마다 이것하고 저것 주세요.

종업원 그리고 또 어떤 걸 드릴까요?

야마다 그쪽에 그거요! 모두 얼마예요?

종업원 15.4위안입니다.

제프 나는 이런 자전거를 사려고 하는데, 무슨 색
깔이 좋을까?

애니 검은색은 어때?

제프 검은색이 좋아? 나는 파란색을 좋아해.

애니 말씀 좀 여쭙겠습니다. 이런 종류의 자전거로
파란색이 있나요?

판매원 있습니다. 파란색, 검은색 다 있습니다.

제프 파란색 한 대를 사고 싶은데요, 얼마인가요?

판매원 340위안입니다.

저는 자전거 한 대를 사려고 합니다. 검은색도 보았
고, 파란색도 보았습니다. 저는 검은색은 좋아하지 않
습니다. 저는 파란색을 좋아합니다. 340위안을 써서
파란색 한 대를 샀습니다.

UNIT 09 100쪽

제프 여보세요, 왕핑인가요?

왕핑 네.

제프 왕핑, 나 제프야. 내일 저녁에 너 시간 있니?

왕핑 있어. 무슨 일 있니?

제프 내일이 내 생일이야. 같이 놀자!

왕핑 좋아. 몇 시에? 어디서?

제프 저녁 6시 30분에 내 기숙사에서.

왕핑 너 어디에 사니?

제프 8동 601호야.

애니 제프, 오늘 숙제에서 나 문제가 하나 있는데, 네
가 좀 봐봐.

제프 이 문제는 나도 잘 모르겠다.

애니 우리 선생님께 여쭤보자.

제프 너 톈 선생님의 전화번호 아니?

애니 알아. 선생님 사무실 전화번호는 64752018
이야.

제프 내가 선생님께 전화 드려볼게.

(제프가 톈 선생님께 전화를 건다)

애니 텐 선생님 계시니?

제프 안 계셔.

오늘 제프가 나에게 전화를 해서 내일이 그의 생일이라고 말했습니다. 저는 그에게 선물을 하나 사서, 그의 생일을 축하해 주려고 합니다.

종이 멈춰버렸구나.

텐 선생님 너희들 무슨 문제라도 있니?

제프 아니에요, 없습니다. 죄송합니다.

텐 선생님, 내일 제가 일이 있어서 대사관에 가야 합니다. 수업에 못 올 것 같아서 반나절 휴가를 내고 싶습니다.

UNIT 10　　　　　　　　112쪽

리사 애니, 너 어떻게 된 거야?

애니 나 머리가 많이 아파.

리사 감기 걸렸어?

애니 응. 방으로 돌아가서 쉬고 싶은데, 네가 선생님께 좀 말씀드려 줄래?

리사 그래.

리사 선생님, 애니는 오늘 수업에 못 오게 되었어요.

텐 선생님 그녀(애니)에게 무슨 일 있나요?

리사 병이 났어요. 감기에 걸렸습니다.

텐 선생님 알았어요.

(제프가 노크를 하며 들어온다)

텐 선생님 들어오세요!

제프 죄송합니다, 제가 늦게 왔습니다.

리사 너 어째서 이제서야 오니?

제프 내 자명종이 잠들어 버려서 8시 15분이 되어서야 일어났어. 그래서….

리사 뭐? 자명종이 잠들었다고? 알겠다. 네 자명

UNIT 11　　　　　　　　124쪽

제프 너는 뭐 먹는 걸 좋아하니?

애니 나는 찐빵 먹는 걸 좋아해, 너는?

제프 나는 만두를 좋아해. 난 만두 반 근 먹을래.

애니 만두 반 근에 (만두가) 몇 개 있는데?

제프 대략 30개 정도야.

애니 너 다 먹을 수 있어?

제프 문제없어. 이곳의 만두는 매우 맛있어.

애니 이 포도 십니까?

판매원 안 셔요, 달아요.

애니 맛 좀 봐도 되나요?

판매원 됩니다. 맛보세요. 달지 않으면 돈 안 받을 게요.

애니 (포도를 맛보며) 아주 달군요! 한 근에 얼마예요?

판매원 4.5위안입니다.

애니 좀 싸게 해 주세요.

판매원 죄송하지만, 저희는 가격을 흥정하지 않아요.

애니 좋아요, 한 근 살게요.

제프 왕핑, 너도 여기 있었구나!

왕핑 너희들이구나!

본문 해석

피터 어서 와! 환영해! 앉아!

애니 제프, 너는 그쪽에 앉아. 나는 이쪽에 앉을게.

피터 너희들 뭐 마실래? 차 아니면 커피?

제프 커피, 나는 커피를 좋아해.

왕핑 애니, 너도 커피 마시는 걸 좋아하잖아, 맞지?

애니 아니. 예전에는 커피 마시는 걸 좋아했는데, 지금은 차 마시는 걸 좋아해!

 대화4

미국에 있을 때, 나는 커피 마시는 것을 좋아했는데, 중국에 온 이후, 차 마시는 게 습관이 되었습니다. 지금 나는 중국차를 정말 좋아합니다.

UNIT 12 136쪽

 대화1

제프 애니 있니?

애니 문 열려 있어. 들어와! 제프, 너구나, 좀 앉아.

제프 고마워! 너 왜 그래? 별로 즐거운 것 같지 않은데?

애니 나 집이 좀 그리워.

제프 집이 그립다고? 음악을 좀 듣는 건 어때?

애니 좋아. 우리 음악 들으면서 이야기하자.

 대화2

어제는 일요일이라, 나는 애니의 기숙사에 갔습니다. 나는 그녀(애니)가 즐거워 보이지 않아서 왜 그러냐고 물었더니 그녀(애니)는 집이 그립다고 말했습니다. 나는 음악을 좀 들어보라고 했습니다. 우리는 음악을 들으면서 잠시 이야기를 나누었고, 무척 즐거웠습니다.

 대화3

리사 제프! 제프!

제프 누구야? 들어와!

리사 너 뭐 하고 있니?

제프 숙제하고 있잖아! 선생님께서 내일 단어 받아쓰기 한다고 말씀하셨어.

리사 너는 음악 들으면서 숙제를 잘할 수 있니?

제프 당연히 할 수 있지.

리사 정말? 내가 너에게 질문하면 맞게 대답할 수 있어?

제프 문제없어. 물어봐!

 대화4

나는 습관이 하나 있는데, 음악을 들으면서 숙제하는 것을 좋아합니다. 친구들은 이런 습관이 그다지 좋지 않다고 말하지만, 나는 아무 문제없다고 생각합니다.

교체 연습 해석

01 ① 여러분 안녕하세요!
   ② 톈 선생님 안녕하세요!
   ③ 모두들 안녕하세요!

02 ① 우리는 모두 학생이야.
   ② 우리는 모두 선생님이야.
   ③ 우리는 모두 중국 사람이야.

03 ① A 너는 이름이 뭐니?
      B 나는 제프라고 해.
   ② A 그녀는 이름이 뭐니?
      B 그녀는 애니라고 해.

04 ① A 나는 선생님이야, 너는?
      B 저는 유학생입니다.
   ② A 나는 애니야, 너는?
      B 나는 왕핑이야.

01 ① 안녕!(새벽 인사)
   ② 안녕!(저녁 인사)
   ③ 안녕!(오후 인사)

02 ① 나는 일본 사람이야.
   ② 나는 한국 사람이야.
   ③ 나는 독일 사람이야.

03 ① A 그는 몇 살이니?
      B 그는 18살이야.
   ② A 그녀는 연세가 어떻게 되세요?
      B 그녀는 45세이십니다.

04 ① A 그녀는 몇 반이니?
      B 그녀는 1반이야.
   ② A 그들은 몇 반이니?
      B 그들은 3반이야.

01 ① 나는 손목시계가 없어.
   ② 나는 여동생이 없어.
   ③ 나는 시간이 없어.

02 ① 2시부터 4시까지 중국어 수업을 들어.
   ② 10시부터 11시까지 듣기 수업을 들어.
   ③ 3시부터 5시까지 한자 수업을 들어.

03 ① A 지금 몇 시니?
      B 지금 10시 10분이야.
   ② A 지금 몇 시니?
      B 지금 12시 5분 전이야.

04 ① A 어제는 무슨 요일이었니?
      B 어제는 월요일이었어.
   ② A 모레는 무슨 요일이니?
      B 모레는 목요일이야.

01 ① 우리 교실은 매우 작습니다.
   ② 그들의 선생님은 매우 좋으십니다.
   ③ 1반의 학생은 매우 많습니다.

02 ① 이곳은 1반의 교실이고, 저곳은 2반의 교실입니다.

② 이곳은 교실이고, 저곳은 식당입니다.

③ 이곳은 남자 화장실이고, 저곳은 여자 화장실입니다.

03) ① A 도서관은 어디에 있나요?

　　　B 도서관은 은행 옆에 있습니다.

② A 피터는 어디에 있나요?

　　B 피터는 잔디밭 옆에 있습니다.

04) ① A 말씀 좀 여쭙겠습니다. 화장실은 어디에 있나요?

　　　B 이 교실의 왼쪽에 있습니다.

② A 말씀 좀 여쭙겠습니다. 사무실은 어디에 있나요?

　　B 이 교실의 오른쪽에 있습니다.

UNIT 08   94쪽

01) ① 저는 이 책을 사려고 합니다.

② 저는 이 신발을 사려고 합니다.

③ 저는 이 옷을 사려고 합니다.

02) ① 저는 빵 한 개를 먹었습니다.

② 저는 차 한 잔을 마셨습니다.

③ 저는 그 책을 보았습니다.

03) ① A 어떤 자전거로 드릴까요?

　　　B 저는 이걸로 주세요.

② A 어떤 바지로 드릴까요?

　　B 저는 이걸로 주세요.

③ A 어떤 색으로 드릴까요?

　　B 저는 이걸로 주세요.

04) ① A 이런 종류의 차로 하얀색이 있나요?

　　　B 있습니다. 하얀색, 검은색 다 있습니다.

② A 이런 종류의 차로 큰 것이 있나요?

　　B 있습니다. 큰 것, 작은 것 다 있습니다.

UNIT 09   106쪽

01) ① 그 책 좀 봐봐.

② 이 일에 대해 좀 말해 봐.

③ 이 전화로 좀 걸어봐.

02) ① 오늘 그가 나에게 선물을 사줬습니다.

② 오늘 애니가 나에게 카드를 한 장 써 줬습니다.

③ 오늘 톈 선생님께서 나에게 회화 수업을 해 주셨습니다.

03) ① A 내일 오전에 너 시간 있니?

　　　B 아니, 없어.

② A 토요일 저녁 6시에 너 시간 있니?

　　B 있어.

04) ① A 너 왕핑의 방 번호를 아니?

　　　B 알아.

② A 너 유학생 기숙사가 어디에 있는지 아니?

　　B 알아.

UNIT 10   118쪽

01) ① 너 어째서 이제서야 자니?

② 너 어째서 이제서야 수업에 가니?

③ 너 어째서 이제서야 휴가를 내니?

02) ① 나는 감기에 걸려서, 반나절 휴가를 냈어.

② 나는 병이 나서, 수업에 오지 못했어.

③ 나는 이 문제를 이해하지 못해서, 선생님께

전화해 여쭤보았어.

03 ① A 너 어떻게 된 거야?
　　 B 나 배가 많이 아파.
　　② A 너 어떻게 된 거야?
　　 B 나 목이 많이 아파.
　　③ A 너 어떻게 된 거야?
　　 B 나 다리가 많이 아파.

04 ① A 선생님, 저는 이틀 휴가를 내고 싶어요.
　　 B 알았어요.
　　② A 선생님, 저는 일주일간 휴가를 내고 싶어요.
　　 B 알았어요.
　　③ A 선생님, 저는 보름 동안 휴가를 내고 싶어요.
　　 B 알았어요.

UNIT 11　　　　　　　　130쪽

01 ① 너는 어떤 책을 보는 것을 좋아하니?
　　② 너는 어떤 곳에 가는 것을 좋아하니?
　　③ 너는 어떤 수업을 듣는 것을 좋아하니?

02 ① 만두는 맛있습니까?
　　② 머리가 아픕니까?
　　③ 커피가 답니까?

03 ① A 너 숙제를 다 할 수 있어?
　　 B 문제없어.
　　② A 너 수업을 들으러 갈 수 있어?
　　 B 문제없어.

04 ① A 너는 파란색을 살 거니, 검은색을 살 거니?

　　 B 나는 파란색(검은색)을 살 거야.
　　② A 너는 찐빵을 먹을 거니, 만두를 먹을 거니?
　　 B 나는 찐빵(만두)을 먹을 거야.

UNIT 12　　　　　　　　142쪽

01 ① 이런 차는 좀 비싸.
　　② 이 사과는 좀 셔.
　　③ 이 옷은 좀 커.

02 ① 우리는 차를 마시면서 텔레비전을 봅니다.
　　② 우리는 사탕을 먹으면서 음악을 듣습니다.
　　③ 우리는 텔레비전을 보면서 친구에게 전화를 하고 있습니다.

03 ① A 너 뭐 하고 있니?
　　 B 나 전화하고 있어.
　　② A 너 뭐 하고 있니?
　　 B 나 수업 듣고 있어.
　　③ A 너 뭐 하고 있니?
　　 B 나 요리하고 있어.

04 ① A 너 숙제를 잘 끝낼 수 있니?
　　 B 당연히 할 수 있지.(잘 끝낼 수 있다.)
　　② A 너 이 음식을 다 먹을 수 있니?
　　 B 당연히 할 수 있지.(다 먹을 수 있다.)

단어 색인

단어 색인

중국어 뱅크

北京大學

신 한어구어

戴桂芙·刘立新·李海燕 편저

上

워크북

12과로 끝내는 중국어의 표준

HANYU
KOUYU

본 책 + 워크북 + 본문음성 MP3

동양북스

중국어뱅크
北京大学
신한어구어 上
워크북

你叫什么名字？

MP3 W04-1

1 녹음을 듣고 내용에 맞는 사진을 고르시오.

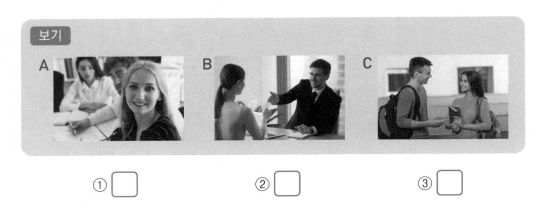

보기

A

B

C

① ☐　　　　　② ☐　　　　　③ ☐

MP3 W04-2

2 녹음을 듣고 문장의 내용과 맞으면 √를 틀리면 ×를 쓰시오.

① 女的叫安妮。　　　　　　　　　　　　　　　（　　　　）

② 女的姓钱。　　　　　　　　　　　　　　　　（　　　　）

3 빈칸에 알맞은 단어를 보기에서 고르시오.

보기　A 您　　　　　B 叫　　　　　C 是

① 我(　　　)杰夫，她(　　　)安妮。

② 我们(　　　)留学生。

③ (　　　)好！田老师！

4 주어진 문장에 연결되는 문장을 보기에서 고르시오.

> 보기   A 您好！   B 我姓田。   C 我叫安妮。

① 你姓什么?   (   )

② 我叫杰夫，你呢?   (   )

③ 你们好！   (   )

5 주어진 단어를 조합해서 문장을 만드시오.

① 杰夫   叫   。

   我 _____

② 都   留学生   是   我们   。

_____

6 빈칸에 알맞은 한자를 쓰시오.

         de
① 我们(   )老师姓田。

         shì
② 我(   )中国人。

이 과의 주요 단어를 따라 써 봅시다.

획순	名名名名名名　字字字字字字
名字	名　字
míngzi	míngzi
이름	

획순	你你你你你你你　们们们们们
你们	你　们
nǐmen	nǐmen
너희들	

획순	老老老老老老　师师师师师师
老师	老　师
lǎoshī	lǎoshī
선생님	

획순	中中中中　国国国国国国国国
中国	中　国
Zhōngguó	Zhōngguó
중국	

MP3 W04-3

이 과의 주요 표현을 따라 써 봅시다.

1 你们好！

여러분, 안녕하세요!

你们好！

2 你叫什么名字?

너는 이름이 뭐니?

叫什么名字?

3 我叫王平，是中国人。

나는 왕핑이라고 해. 중국 사람이야.

我叫王平，是中国人。

4 我姓田。你呢?

저는 톈 씨입니다. 당신은요?

我姓田。你呢?

5 我们都是留学生。

우리는 모두 유학생이야.

我们都是留学生。

UNIT 05

你是哪国人?

1 녹음을 듣고 내용에 맞는 사진을 고르시오.

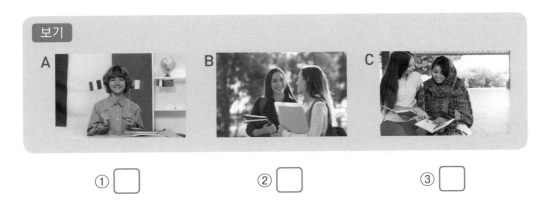

보기

A

B

C

① ☐   ② ☐   ③ ☐

2 녹음을 듣고 문장의 내용과 맞으면 √를 틀리면 ×를 쓰시오.

① 女的叫丽莎。   (   )

② 男的是美国人。   (   )

3 빈칸에 알맞은 단어를 보기에서 고르시오.

보기   A 岁   B 好   C 谁

① 他是(   )?

② 我八(   )。

③ 早上(   )!

4 주어진 문장에 연결되는 문장을 보기에서 고르시오.

> 보기 A 我在一班。   B 我是美国人。   C 我十九岁。

① 你是哪国人?   (   )

② 你多大?   (   )

③ 你在几班?   (   )

5 주어진 단어를 조합해서 문장을 만드시오.

① 你   吗   人   是   英国   ?

_____

② 我   班   二   在   也   。

_____

6 빈칸에 알맞은 한자를 쓰시오.

① 安妮(　　shì　　)美国人，杰夫(　　shì　　)英国人。

② 我在一班，他们(　　dōu　　)在二班。

이 과의 주요 단어를 따라 써 봅시다.

획순	早 旱 早 早 早 早　　上 上 上
早上	早　上
zǎoshang	zǎoshang
아침	

획순	谁 谁 谁 谁 谁 谁 谁 谁 谁 谁
谁	谁　谁
shéi(shuí)	shéi(shuí)　shéi(shuí)
누구	

획순	对 对 对 对 对
对	对　对
duì	duì　duì
맞다, 옳다	

획순	岁 岁 岁 岁 岁 岁
岁	岁　岁
suì	suì　suì
살, 세(나이)	

쓰기 노트

MP3 W05-3

이 과의 주요 표현을 따라 써 봅시다.

1 早上好！

안녕하세요!(아침 인사)

早上好！

2 你是哪国人?

너는 어느 나라 사람이니?

你是哪国人?

3 他是谁?

그는 누구니?

他是谁?

4 你多大?

너는 몇 살이니?

你多大?

5 你在几班?

너는 몇 반이니?

你在几班?

现在几点?

MP3 W06-1

1 녹음을 듣고 내용에 맞는 사진을 고르시오.

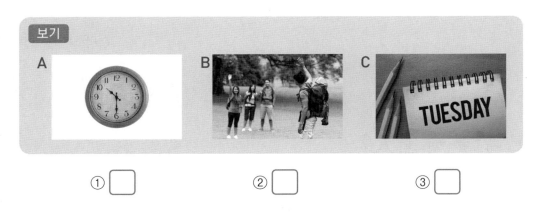

보기

A

B

C

① ☐　　　　② ☐　　　　③ ☐

MP3 W06-2

2 녹음을 듣고 문장의 내용과 맞으면 √를 틀리면 ×를 쓰시오.

① 现在11点5分。　　　　　　　　　　　　　　（　　　　）

② 男的现在没有空闲*时间。　　　　　　　　　　（　　　　）

空闲 kòngxián 휑 한가하다, 비어 있다

3 빈칸에 알맞은 단어를 보기에서 고르시오.

보기　A 差　　　　　B 从　　　　C 该

① (　　　)两分九点。

② 你(　　　)上课了，再见！

③ (　　　)八点到九点五十分上听力课。

4 주어진 문장에 연결되는 문장을 보기에서 고르시오.

> 보기   A 星期二。   B 有，上听力课。   C 七点半。

① 今天星期几?   (   )

② 现在几点?   (   )

③ 明天你有课吗?   (   )

5 주어진 단어를 조합해서 문장을 만드시오.

① 没有   我   点   课   八   。

    今天 _____

② 是   星期二   。

    明天 _____

6 빈칸에 알맞은 한자를 쓰시오.

          wǔ
① 明天上(   )我没有课。

           yǔ
② 明天有口(   )课。

이 과의 주요 단어를 따라 써 봅시다.

획순	现 现 现 现 现 现 现 现　　在 在 在 在 在 在
现在	现　在
xiànzài	xiànzài
지금, 현재	

획순	点 点 点 点 点 点 点 点 点
点	点　点
diǎn	diǎn　　diǎn
(몇) 시	

획순	没 没 没 没 没 没 没　　有 有 有 有 有 有
没有	没　有
méiyǒu	méiyǒu
없다	

획순	口 口 口　　语 语 语 语 语 语 语 语
口语	口　语
kǒuyǔ	kǒuyǔ
구어, 회화	

MP3 W06-3

이 과의 주요 표현을 따라 써 봅시다.

1 现在几点?

지금 몇 시니?

现在几点?

2 今天星期几?

오늘은 무슨 요일이니?

今天星期几?

3 今天八点我没有课。

오늘 8시에 나는 수업이 없어.

今天八点我没有课。

4 差两分九点。

9시 2분 전이야.

差两分九点。

5 你该上课了，再见！

너 곧 수업 들어야 하네. 안녕!

你该上课了，再见！

UNIT 07 食堂在哪儿？

◀MP3▶ W07-1

1 녹음을 듣고 내용에 맞는 사진을 고르시오.

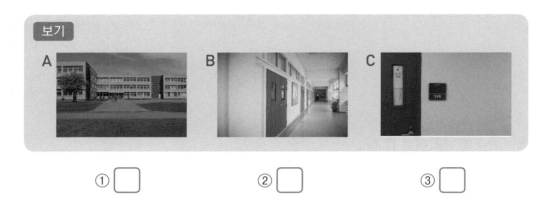

보기

A B C

① ☐　　　② ☐　　　③ ☐

◀MP3▶ W07-2

2 녹음을 듣고 문장의 내용과 맞으면 √를 틀리면 ×를 쓰시오.

① 男的在*找教室。　　　　　　　　　　　　（　　　）

② 男的学校里有教室和宿舍。　　　　　　　（　　　）

在 zài 튐 마침 ~하고 있다

3 빈칸에 알맞은 단어를 보기에서 고르시오.

보기　A 在　　　　　B 边　　　　　C 请

① （　　　）问，留学生食堂在哪儿？

② 食堂在宿舍的旁（　　　）。

③ 厕所（　　　）那个教室的后面。

4 주어진 문장에 연결되는 문장을 보기에서 고르시오.

> 보기 A 学生宿舍的后面。
> B 不是，在那儿。
> C 不用谢。

① 谢谢你。　　　　　　　　　　　　　　　（　　　）
② 学生食堂在哪儿？　　　　　　　　　　　（　　　）
③ 三班的教室在这儿吗？　　　　　　　　　（　　　）

5 주어진 단어를 조합해서 문장을 만드시오.

① 学校　　的　　我们　　是　　。
这 _____

② 大　　很　　学校　　。
我们的 _____

6 빈칸에 알맞은 한자를 쓰시오.

　　　　　　　kè
① 这是我们上(　　　)的地方。

　　　　　　　liú
② 那是(　　　)学生宿舍。

이 과의 주요 단어를 따라 써 봅시다.

획순	请 请 请 请 请 请 请 请 请 请　问 问 问 问 问 问
请问 qǐngwèn 말씀 좀 여쭙겠습니다	请　问 qǐngwèn

획순	谢 谢 谢 谢 谢 谢 谢 谢 谢 谢 谢 谢
谢谢 xièxie 감사하다	谢　谢 xièxie

획순	那 那 那 那 那 那　儿 儿
那儿 nàr 저기, 그곳	那　儿 nàr

획순	宿 宿 宿 宿 宿 宿 宿 宿 宿 宿 宿　舍 舍 舍 舍 舍 舍 舍 舍
宿舍 sùshè 기숙사	宿　舍 sùshè

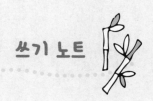

MP3 W07-3

이 과의 주요 표현을 따라 써 봅시다.

1 请问，三班的教室在这儿吗？

말씀 좀 여쭙겠습니다. 3반 교실이 여기인가요?

请问，三班的教室在这儿吗？

2 不用谢。

별말씀을요.

不用谢。

3 请问，留学生食堂在哪儿？

말씀 좀 여쭙겠습니다. 유학생 식당은 어디에 있나요?

请问，留学生食堂在哪儿？

4 我们的学校很大。

우리 학교는 매우 큽니다.

我们的学校很大。

5 食堂在宿舍的旁边。

식당은 기숙사 옆에 있습니다.

食堂在宿舍的旁边。

UNIT 08 一共多少钱？

MP3 W08-1

1 녹음을 듣고 내용에 맞는 사진을 고르시오.

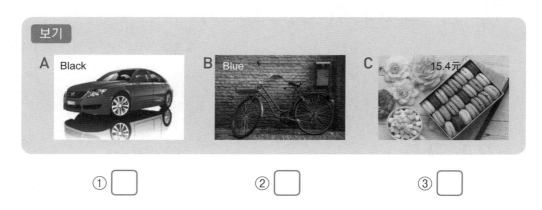

보기

A Black   B Blue   C 15.4元

① ☐   ② ☐   ③ ☐

MP3 W08-2

2 녹음을 듣고 문장의 내용과 맞으면 √를 틀리면 ×를 쓰시오.

① 男的很喜欢黑色。 　　　　　　　　　　(　　)

② 男的买了两辆自行车。 　　　　　　　　　(　　)

3 빈칸에 알맞은 단어를 보기에서 고르시오.

보기 A 了　　　　B 种　　　　C 的

① 我要买这(　　)自行车。

② 什么颜色(　　)好？

③ 我买(　　)一辆蓝的。

4 주어진 문장에 연결되는 문장을 보기에서 고르시오.

> 보기   A 我要这个。   B 黑的好吗?   C 七块五毛。

① 你要哪个菜?   (   )

② 多少钱?   (   )

③ 黑的怎么样?   (   )

5 주어진 단어를 조합해서 문장을 만드시오.

① 车   吗   有   蓝   的   种   ?

这 _____

② 花   钱   了   三百   我   块   四十   。

_____

6 빈칸에 알맞은 한자를 쓰시오.

① 一(gòng   )多少钱?

② 我(xǐ   )欢蓝色。

이 과의 주요 단어를 따라 써 봅시다.

획순	钱 钱 钱 钱 钱 钱 钱 钱 钱 钱	
钱 qián 돈	钱 qián	钱 qián

획순	还 还 还 还 还 还 还	
还 hái 또, 아직도, 여전히	还 hái	还 hái

획순	怎怎怎怎怎怎怎怎怎　 么 么 么　　样样样样样样样样样样		
怎么样 zěnmeyàng 어떠하냐	怎 zěnmeyàng	么	样

획순	喜 喜 喜 喜 喜 喜 喜 喜 喜 喜 喜　 欢 欢 欢 欢 欢 欢	
喜欢 xǐhuan 좋아하다	喜 xǐhuan	欢

MP3 W08-3

이 과의 주요 표현을 따라 써 봅시다.

1 你要哪个菜?

어떤 요리를 드릴까요?

你要哪个菜?

2 一共多少钱?

모두 얼마예요?

一共多少钱?

3 什么颜色的好?

무슨 색깔이 좋을까?

什么颜色的好?

4 黑的怎么样?

검은색은 어때?

黑的怎么样?

5 蓝的、黑的都有。

파란색, 검은색 다 있습니다.

蓝的、黑的都有。

1 녹음을 듣고 내용에 맞는 사진을 고르시오.

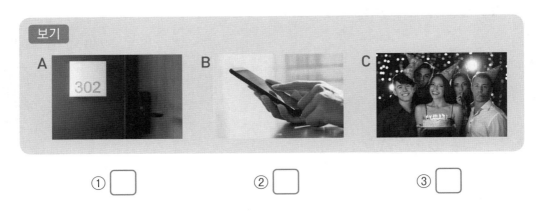

보기

A

302

B

C

① ☐   ② ☐   ③ ☐

2 녹음을 듣고 문장의 내용과 맞으면 √를 틀리면 ×를 쓰시오.

① 女的打错*了。   (   )

② 男的买了生日礼物，祝丽莎生日快乐。   (   )

错 cuò 圏 틀리다, 맞지 않다

3 빈칸에 알맞은 단어를 보기에서 고르시오.

보기   A 祝   B 喂   C 吗

① 你知道田老师的电话号码(   )?

② (   )，是王平吗?

③ (   )他生日快乐。

4 주어진 문장에 연결되는 문장을 보기에서 고르시오.

> **보기** A 我们问问老师吧。 B 八号楼601。 C 有。

① 明天晚上你有时间吗? （ ）

② 你住在哪儿? （ ）

③ 这个问题我也不懂。 （ ）

5 주어진 단어를 조합해서 문장을 만드시오.

① 打 老师 电话 。

我给 _____

② 件 买 礼物 他 一 。

我要给 _____

6 빈칸에 알맞은 한자를 쓰시오.

　　　　 me
① 你有什(　　　)事?

　　　 qǐ
② 一(　　　)玩儿玩儿吧！

你有什么事?

이 과의 주요 단어를 따라 써 봅시다.

획순	喂喂喂喂喂喂喂喂喂喂喂喂
喂 wèi (통화할 때) 여보세요	喂 喂 wèi wèi

획순	时时时时时时时 间间间间间间间
时间 shíjiān 시간	时 间 　shíjiān

획순	号号号号号
号 hào (몇) 번, 차례	号 号 hào hào

획순	给给给给给给给给给
给 gěi ~을 위하여, ~에게	给 给 gěi gěi

MP3 W09-3

이 과의 주요 표현을 따라 써 봅시다.

1 你有什么事？

너 무슨 일 있니?

你有什么事？

2 一起玩儿玩儿吧！

같이 놀자!

一起玩儿玩儿吧！

3 我们问问老师吧。

우리 선생님께 여쭤 보자.

我们问问老师吧。

4 你知道田老师的电话号码吗？

너 톈 선생님의 전화번호를 아니?

你知道田老师的电话号码吗？

5 我给老师打电话。

내가 선생님께 전화 드려볼게.

我给老师打电话。

MP3 W10-1

1 녹음을 듣고 내용에 맞는 사진을 고르시오.

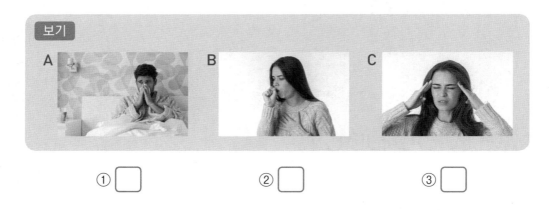

보기

A

B

C

① ☐   ② ☐   ③ ☐

MP3 W10-2

2 녹음을 듣고 문장의 내용과 맞으면 √를 틀리면 ×를 쓰시오.

① 女的准时*来了   (   )

② 男的不能来上课。   (   )

准时 zhǔnshí 🈁 정확한 시간

3 빈칸에 알맞은 단어를 보기에서 고르시오.

보기   A 想   B 才   C 晚

① 我(   )回房间休息。

② 对不起，我来(   )了。

③ 我八点(   )起床。

4 주어진 문장에 연결되는 문장을 보기에서 고르시오.

보기 A 没有。　　　B 我头很疼。　　　C 我的闹钟停了。

① 你怎么了？　　　　　　　　　　　　　　　　　　（　　　）

② 你怎么才来？　　　　　　　　　　　　　　　　　（　　　）

③ 你们有问题吗？　　　　　　　　　　　　　　　　（　　　）

5 주어진 단어를 조합해서 문장을 만드시오.

① 今天　了　来　能　上课　不　。

安妮 _____

② 想　请　我　半天　假　。

_____

6 빈칸에 알맞은 한자를 쓰시오.

　　　　　jiào
① 我的闹钟睡(　　　)了。

　　　　gào
② 你(　　　)诉老师，好吗？

이 과의 주요 단어를 따라 써 봅시다.

획순	怎 怎 怎 怎 怎 怎 怎 怎 怎　　么 么 么
怎么 zěnme 어떻게, 어째서, 왜	怎　么 zěnme

획순	头 头 头 头 头　　疼 疼 疼 疼 疼 疼 疼 疼 疼 疼
头疼 tóu téng 머리가 아프다	头　疼 tóu téng

획순	对 对 对 对 对　　不 不 不 不　　起 起 起 起 起 起 起 起 起 起
对不起 duìbuqǐ 미안합니다	对　不　起 duìbuqǐ

획순	起 起 起 起 起 起 起 起 起 起　　床 床 床 床 床 床 床
起床 qǐchuáng 일어나다, 기상하다	起　床 qǐchuáng

MP3 W10-3

이 과의 주요 표현을 따라 써 봅시다.

1 你怎么了？

너 어떻게 된 거야?

你怎么了？

2 安妮今天不能来上课了。

애니는 오늘 수업에 못 오게 되었어요.

安妮今天不能来上课了。

3 对不起，我来晚了。

죄송합니다, 제가 늦게 왔습니다.

对不起，我来晚了。

4 你怎么才来？

너 어째서 이제서야 오니?

你怎么才来？

5 我想请半天假。

저는 반나절 휴가를 내고 싶습니다.

我想请半天假。

◖MP3◗ W11-1

1 녹음을 듣고 내용에 맞는 사진을 고르시오.

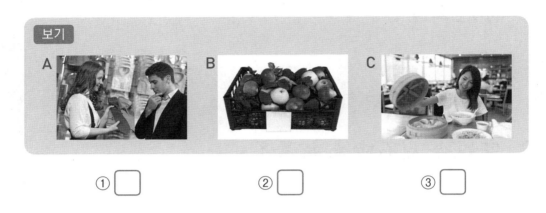

보기

A

B

C

① ☐

② ☐

③ ☐

◖MP3◗ W11-2

2 녹음을 듣고 문장의 내용과 맞으면 √를 틀리면 ×를 쓰시오.

① 女的能吃完饺子。 (　　　)

② 男的现在喜欢喝咖啡。 (　　　)

3 빈칸에 알맞은 단어를 보기에서 고르시오.

보기　A 不　　　　B 能　　　　C 还是

① 你们喝什么? 茶(　　　)咖啡?

② 这葡萄酸(　　　)酸?

③ 你(　　　)吃完吗?

4 주어진 문장에 연결되는 문장을 보기에서 고르시오.

> 보기　A 可以，尝吧。　　　B 大概三十个。　　　C 我喜欢吃馒头。

① 你喜欢吃什么?　　　　　　　　　　　　　(　　)

② 半斤饺子有多少个?　　　　　　　　　　　(　　)

③ 可以尝尝吗?　　　　　　　　　　　　　　(　　)

5 주어진 단어를 조합해서 문장을 만드시오.

① 斤　　要　　饺子　　我　　半　　。

_____

② 也　　你　　这儿　　在　　!

_____

6 빈칸에 알맞은 한자를 쓰시오.

① 我们这(　er　)不能讲价。

② 我来中国以后，习(　guàn　)了喝茶。

이 과의 주요 단어를 따라 써 봅시다.

획순	饺饺饺饺饺饺饺饺饺　子子子
饺子 jiǎozi 만두	饺　子 jiǎozi

획순	尝尝尝尝尝尝尝尝尝
尝 cháng 맛보다	尝　尝 cháng　　cháng

획순	一　点点点点点点点点点　儿儿
一点儿 yìdiǎnr 조금	一　点　儿 yìdiǎnr

획순	欢欢欢欢欢欢　迎迎迎迎迎迎迎
欢迎 huānyíng 환영하다	欢　迎 huānyíng

MP3 W11-3

이 과의 주요 표현을 따라 써 봅시다.

1 你喜欢吃什么?

너는 뭐 먹는 걸 좋아하니?

你喜欢吃什么?

2 半斤饺子有多少个?

만두 반 근에 몇 개 있는데?

半斤饺子有多少个?

3 这葡萄酸不酸?

이 포도는 십니까?

这葡萄酸不酸?

4 可以尝尝吗?

맛 좀 봐도 되나요?

可以尝尝吗?

5 便宜一点儿吧。

좀 싸게 해 주세요.

便宜一点儿吧。

◀MP3▶ W12-1

1 녹음을 듣고 내용에 맞는 사진을 고르시오.

보기

A

B

C

① ☐   ② ☐   ③ ☐

◀MP3▶ W12-2

2 녹음을 듣고 문장의 내용과 맞으면 √를 틀리면 ×를 쓰시오.

① 女的非常高兴。   (   )

② 他们要聊天儿。   (   )

3 빈칸에 알맞은 단어를 보기에서 고르시오.

보기   A 着   B 有点儿   C 怎么样

① 听一会儿音乐(   )?

② 你听(   )音乐，能做好作业吗?

③ 我(   )想家。

4 주어진 문장에 연결되는 문장을 보기에서 고르시오.

> 보기 A 请进!   B 做作业呢!   C 没问题，你问吧!

① 安妮在吗?   (   )

② 你干什么呢?   (   )

③ 你能回答对吗?   (   )

5 주어진 단어를 조합해서 문장을 만드시오.

① 看   高兴   她   不   有点儿   。

我 _____

② 习惯   问题   觉得   这   个   没有   。

我 _____

6 빈칸에 알맞은 한자를 쓰시오.

① 我问你一(ge)问题。

② 我去了安妮的宿(shè)。

이 과의 주요 단어를 따라 써 봅시다.

획순	一　会会会会会会　儿儿
一会儿	一　会　儿
yíhuìr	yíhuìr
잠시, 잠깐 동안	

획순	聊聊聊聊聊聊聊聊聊聊聊　天天天天　儿儿
聊天儿	聊　天　儿
liáotiānr	liáotiānr
잡담하다	

획순	进进进进进进进　来来来来来来来
进来	进　来
jìnlái	jìnlái
들어오다	

획순	听听听听听听听　写写写写写
听写	听　写
tīngxiě	tīngxiě
받아쓰기(를 하다)	

MP3 W12-3

이 과의 주요 표현을 따라 써 봅시다.

1 你怎么了？好像不太高兴？

너 왜 그래? 별로 즐거운 것 같지 않은데.

你怎么了？好像不太高兴？

2 我有点儿想家。

나 집이 좀 그리워.

我有点儿想家。

3 听一会儿音乐怎么样？

음악을 좀 듣는 건 어때?

听一会儿音乐怎么样？

4 你干什么呢？

너 뭐 하고 있니?

你干什么呢？

5 你听着音乐，能做好作业吗？

너는 음악 들으면서, 숙제를 잘할 수 있니?

你听着音乐，能做好作业吗？

스크립트

1 ① 男：你好！
　　　女：你好！
　② 女：你叫什么名字？
　　　男：我叫杰夫。
　③ 女：我们是留学生。
2 ① 男：你叫什么名字？
　　　女：我叫安妮。
　② 女：我姓田。
　　　男：您好！

1 ① 女：早上好！
　　　女：早！
　② 男：她是哪国人？
　　　女：她是印度人。
　③ 男：我是法国人，今年十五岁。
2 ① 男：你叫什么名字？
　　　女：我叫安妮。
　② 男：你是哪国人？
　　　女：我是美国人。你也是美国人吗？
　　　男：不，我是法国人。

1 ① 男：现在几点？
　　　女：十点半。
　② 女：今天星期几？
　　　男：星期二。
　③ 男：再见！
　　　女：再见！
2 ① 男：现在几点？
　　　女：差五分十一点。
　② 女：现在你有课吗？
　　　男：有，我该上课了。

1 ① 男：请问，三班的教室在这儿吗？
　　　女：对，在这儿。
　② 女：请问，厕所在哪儿？
　　　男：在这个教室的右边。
　③ 男：我们的学校很大。
2 ① 男：请问，教室在这儿吗？
　　　女：对，在这儿。
　② 男：这是我们的学校。这是我们上课的地
　　　　方，那是留学生宿舍。

1 ① 男：一共多少钱？
　　　女：十五块四。
　② 女：这种车有蓝的吗？
　　　男：有。白的、黑的都有。
　③ 男：我花了三百四十块钱，买了一辆蓝的。
2 ① 女：黑的怎么样？
　　　男：黑的好吗？我喜欢蓝色。
　② 男：我要买一辆自行车。我不喜欢黑的，
　　　　我喜欢蓝的。

1 ① 女：你知道王平的电话号码吗？
　　　男：我知道，他的电话号码是
　　　　13952641234。
　② 男：你住在哪儿？
　　　女：八号楼三零二号。
　③ 女：明天是我的生日，一起玩儿玩儿吧！
2 ① 女：喂，是王平吗？
　　　男：不是。我是杰夫。
　② 男：明天是王平的生日。我要给他买一件
　　　　礼物。

UNIT **10** 26쪽

1 ① 男：你怎么咳嗽这么严重？

女：我感冒了。

② 男：你怎么了？

女：我头很疼。

③ 男：今天我感冒了，在房间休息。

2 ① 男：你怎么才来？

女：我的闹钟停了。所以我八点一刻才起
床。

② 男：老师，明天我有事，我想请半天假。

UNIT **11** 30쪽

1 ① 男：这种水果多少钱一斤？

女：四块五。

② 男：便宜一点儿吧。

女：对不起，我们这儿不能讲价。

③ 男：你喜欢吃什么？

女：我喜欢吃饺子。

2 ① 男：你能吃完吗？

女：没问题。这儿的饺子很好吃。

② 男：以前我喜欢喝咖啡，现在我喜欢喝茶！

UNIT **12** 34쪽

1 ① 男：安妮在吗？

女：请进。

② 女：你干什么呢？

男：我做作业呢。

③ 男：我有一个习惯，我喜欢听着音乐做作业。

2 ① 男：你怎么了？好像不太高兴？

女：我有点儿想家。

② 男：咱们听着音乐聊聊天儿吧。

北京大學 신한어구어 上 워크북

이름

외국어 출판 40년의 신뢰
외국어 전문 출판 그룹
동양북스가 만드는 책은 다릅니다.

40년의 쉼 없는 노력과 도전으로 책 만들기에 최선을 다해온 동양북스는
오늘도 미래의 가치에 투자하고 있습니다.
대한민국의 내일을 생각하는 도전 정신과 믿음으로 최선을 다하겠습니다.

동양북스

📖 동양북스 추천 교재

일본어 교재의 최강자, 동양북스 추천 교재

회화 코스북

일본어뱅크 다이스키
STEP 1·2·3·4·5·6·7·8

일본어뱅크
좋아요 일본어 1·2·3·4·5·6

일본어뱅크 도모다찌
STEP 1·2·3

분야서

일본어뱅크
좋아요 일본어 독해 STEP 1·2

일본어뱅크
일본어 작문 초급

일본어뱅크
사진과 함께하는
일본 문화

일본어뱅크
항공 서비스 일본어

가장 쉬운 독학
일본어 현지회화

수험서

일취월장 JPT
독해·청해

일취월장 JPT
실전 모의고사 500·700

일단 합격하고 오겠습니다
JLPT 일본어능력시험
N1·N2·N3·N4·N5

일단 합격하고 오겠습니다
JLPT 일본어능력시험
실전모의고사 N1·N2·N3·N4/5

단어·한자

특허받은
일본어 한자 암기박사

일본어 상용한자 2136
이거 하나면 끝!

일본어뱅크
좋아요 일본어 한자

가장 쉬운 독학
일본어 단어장

일단 합격하고 오겠습니다
JLPT 일본어능력시험
단어장 N1·N2·N3

중국어 교재의 최강자, 동양북스 추천 교재

중국어뱅크 북경대학 신한어구어
1·2·3·4·5·6

중국어뱅크 스마트중국어
STEP 1·2·3·4

중국어뱅크 집중중국어
STEP 1·2·3·4

중국어뱅크
뉴! 버전업 사진으로
보고 배우는 중국문화

중국어뱅크
문화중국어 1·2

중국어뱅크
관광 중국어 1·2

중국어뱅크
여행실무 중국어

중국어뱅크
호텔 중국어

중국어뱅크
판매 중국어

중국어뱅크
항공 실무 중국어

정반합 新HSK
1급·2급·3급·4급·5급·6급

일단 합격 新HSK 한 권이면 끝
3급·4급·5급·6급

버전업! 新HSK
VOCA 5급·6급

가장 쉬운 독학
중국어 단어장

중국어뱅크
중국어 간체자 1000

특허받은
중국어 한자 암기박사

📖 동양북스 추천 교재

기타외국어 교재의 최강자, 동양북스 추천 교재

중고급 학습

첫걸음 끝내고 보는
프랑스어
중고급의 모든 것

첫걸음 끝내고 보는
스페인어
중고급의 모든 것

첫걸음 끝내고 보는
독일어
중고급의 모든 것

첫걸음 끝내고 보는
태국어
중고급의 모든 것

첫걸음 끝내고 보는
베트남어
중고급의 모든 것

단어장

버전업! 가장 쉬운
프랑스어 단어장

버전업! 가장 쉬운
스페인어 단어장

버전업! 가장 쉬운
독일어 단어장

가장 쉬운 독학
베트남어 단어장

여행 회화

NEW 후다닥
여행 중국어

NEW 후다닥
여행 일본어

NEW 후다닥
여행 영어

NEW 후다닥
여행 독일어

NEW 후다닥
여행 프랑스어

NEW 후다닥
여행 스페인어

NEW 후다닥
여행 베트남어

NEW 후다닥
여행 태국어

수험서 · 교재

한 권으로 끝내는 DELE
어휘 · 쓰기 · 관용구편 (B2~C1)

수능 기초 베트남어
한 권이면 끝!

버전업!
스마트 프랑스어

일단 합격하고 오겠습니다
독일어능력시험
A1 · A2 · B1 · B2